Un aggiornamento et son éclipse

André Naud

Un aggiornamento et son éclipse

La liberté de la pensée dans la foi et dans l'Église à Vatican II et aujourd'hui

FIDES

Données de catalogage avant publication (Canada)

Naud, André, 1925-
Un aggiornamento et son éclipse.
La liberté de la pensée dans la foi et dans l'Église
Comprend des réf. bibliogr.

ISBN 2-7621-1880-8

1. Liberté de conscience.
2. Liberté d'expression dans l'Église.
I. Titre
BV741.N38 1996 261.7'2 C96-940083-7

Dépôt légal: 2e trimestre 1996
Bibliothèque nationale du Québec

Les Éditions Fides bénéficient de l'appui du Conseil des Arts du Canada
et du ministère de la Culture du Québec

Avant-propos

> En fait il y a depuis le début, ou presque, un malaise de l'intelligence dans le christianisme.
>
> Simone WEIL[1]

Qui dit foi introduit du même coup la question de la liberté de la pensée dans la foi. Qui dit Église introduit la question de la liberté d'expression de la pensée dans l'Église. Distinctes, ces deux questions sont étroitement reliées. Comment la juste liberté de la pensée dans la foi pourrait-elle être sauvegardée sans que soit protégée la juste liberté d'expression de la pensée dans l'Église? Comment penser cette dernière sans référer à ce que la foi peut avoir à dire sur elle? Ces deux questions ont hanté l'Église tout au long de son histoire. Elles hantent, au point de la diviser parfois, l'Église d'aujourd'hui. Elles font l'objet de cet ouvrage.

Celui-ci est né d'une intuition qui s'est confirmée progressivement. Elle pourrait s'exprimer ainsi: si les deux derniers conciles, chacun à sa manière, ont traité des deux questions que nous venons d'évoquer, leur pensée, insensiblement et peut-être

---

1. *Lettre à un religieux*, Gallimard, p. 70.

sans qu'on s'en rende clairement compte, a été et demeure trahie. La chose est particulièrement vraie pour Vatican II. Sur ces deux sujets, la pensée qui s'y est exprimée a été l'objet, dans l'après-Concile, d'un véritable revirement, d'abord insensible puis complet. Ce revirement est étonnant. Il mérite une explication. D'une certaine façon, cette explication est l'objet de ce livre.

Ce qui s'est passé s'étale ou se cache de manière subtile dans de nombreux documents. On ne peut donc le comprendre en faisant l'économie d'analyses serrées et même méticuleuses. Celles que le lecteur trouvera dans cet ouvrage deviendront peut-être pour lui une croix, puisqu'il lui faudra suivre la subtile genèse de textes importants et chercher à découvrir où ceux-ci veulent aller en utilisant parfois des mots plutôt déroutants. Mais de suivre patiemment ces analyses comportera aussi ses récompenses. Ce n'est pas rien de bien comprendre la visée, sur nos deux questions, du plus considérable concile de l'histoire de l'Église, concile qui appartient à notre propre siècle et qui a été entrepris tout spécialement pour nous. Autre profit: il est bon pour la foi qu'elle soit consciente de la sinuosité des cheminements de l'Église. De cette manière, elle se comprend mieux elle-même et elle comprend mieux ce qu'est l'Église. Car les difficultés qu'éprouvent la foi et l'Église avec l'intelligence sont partie d'elles-mêmes. Elles les définissent l'une et l'autre, en quelque sorte.

Concernant les questions qu'il aborde, l'ouvrage qu'on va lire est très critique de ce qui s'est passé dans l'après-Concile. On aurait tort de le lire comme une agression. Certes, le lecteur se trouvera invité à ne pas aimer, à rejeter même, au nom de la fidélité aux deux derniers conciles, des orientations qu'on semble vouloir prendre depuis trois décennies. Il sera invité à refuser une pensée qui enferme trop le croyant, qui enferme trop la foi et, par-dessus tout, qui enferme trop l'Église. Il ne trouvera le procès de personne.

Comme le montre la division de cet ouvrage, celui-ci est fait d'une double histoire: l'une «dévoile» la pensée de Vatican II sur notre sujet, l'autre ce qu'on en a fait par la suite. Cette double histoire est celle d'un *aggiornamento* et celle de son éclipse. Mais tout cela débouche aussi sur des conclusions. Le lecteur nous permettra de les exposer d'une manière très explicite, comme le sujet et le malaise actuel le réclament.

PREMIÈRE PARTIE

L'aggiornamento

1

Les apports méconnus de la Commission centrale

La Commission centrale appartient à la période préparatoire du concile Vatican II. Établie le 5 juin 1960 par le *motu proprio* «*Superno Dei nutu*», elle avait pour mission d'examiner les résultats des travaux des diverses commissions préconciliaires pour aider le Souverain Pontife dans la préparation du concile. Elle était constituée de 73 cardinaux, cinq patriarches, 33 évêques ou archevêques, trois supérieurs majeurs d'ordres religieux; 31 conseillers lui étaient associés[2]. La Commission se réunira à sept reprises entre juin 1961 et juin 1962, pour un total de 57 jours[3]. On peut dire que la Commission centrale a constitué une sorte de médiation entre les travaux des commissions préparatoires du

2. On trouvera la liste des membres et des conseillers dans AP II, II, *Pars I*, p. 11-18.

3. Première session: 12-20 juin 1961; 2ᵉ: 7-17 novembre 1961; 3ᵉ: 15-23 janvier 1962; 4ᵉ: 19-27 février 1962; 5ᵉ: 26 mars-3 avril 1962; 6ᵉ: 3-12 mai 1962; 7ᵉ: 12-19 juin 1962.

concile et le concile lui-même. Peut-être n'est-il pas possible de bien comprendre ce qui s'est passé au concile, surtout lors de la première session, sans tenir compte de ce qui s'est passé à la Commission centrale. En tout cas, on ne peut comprendre la pensée de Vatican II sur notre sujet sans tenir compte des échanges qui eurent lieu à cette commission et des vœux qui y furent émis lors des séances du 9 novembre 1961 et du 19 juin 1962.

À la Commission centrale, la question qui nous occupe dans cet ouvrage fut abordée principalement en deux occasions: lors de l'examen d'un projet de profession de foi[4], lors de l'examen du chapitre VII, intitulé *De magisterio Ecclesiæ*, du schéma sur l'Église[5]. Dans les deux cas, des voix qui deviendront très importantes au concile exprimèrent avec vigueur les malaises que suscitaient les textes proposés. Comme on le verra, des malaises semblables viendront hanter en permanence l'Église post-conciliaire. Ce furent d'étonnantes séances, et la lecture du procès-verbal qui en rapporte les échanges est pleine d'enseignements. Il est impossible d'exagérer leur importance pour une correcte exégèse des textes conciliaires pertinents et pour l'évaluation de ce qui est survenu par la suite au concile et dans l'après-Concile.

Devant une profession de foi

Il est difficile de comprendre aujourd'hui qu'on ait songé à préparer, avant l'ouverture du concile, une nouvelle profession de foi, avec l'intention de demander aux Pères de la prononcer au moment où s'ouvriraient les assises conciliaires. Il est bien évident qu'à la Commission centrale on aurait pu se contenter de dire qu'une nouvelle profession de foi se rédige après un concile et non pas avant. Cette remarque fut évidemment faite, mais on n'en entreprit pas moins des échanges sur les contenus du projet qui était présenté. Rappelons les faits.

4. AP II, II, *Pars I*, p. 495s.
5. AP II, II, *Pars IV*, p. 621s.

Le 9 novembre 1961, le cardinal Ottaviani, président de la Commission théologique préconciliaire, présente le projet[6]. Il affirme que celui-ci a été rédigé pour répondre à des demandes venant de quelques milieux et d'un certain nombre d'évêques. Dans ces demandes, souligne-t-il, on faisait remarquer diverses choses: que deux formules étaient en usage, la formule tridentine et la formule antimoderniste, et qu'il était souhaitable de les réduire à une seule; que cette dualité entraînait la répétition de certaines expressions; que parmi les expressions employées, certaines ne répondaient plus aux conditions du temps. On demandait qu'on remplace la prolixité des formules par une rédaction qui soit à la fois plus brève et plus complète. Le cardinal rappelle encore que l'idée de préparer une nouvelle formule fut approuvée par Jean XXIII, à la fin de l'année 1960, et que c'est à la Sous-commission *De deposito fidei* que fut confiée la préparation du texte que les membres de la Commission centrale avaient devant eux. Il ajoute que le texte fut approuvé par la Commission doctrinale avant de leur être présenté.

Le but de l'opération, dit le cardinal, était de préparer une formule qui pourrait être utilisée par les Pères au début du concile et qui pourrait servir dans l'Église par la suite. À ceux qui s'étonneraient qu'on prescrive une formule avant que les Pères conciliaires aient défini la foi, le cardinal répond que l'objection ne saurait être retenue. D'une part, parce qu'on n'attend du concile aucune doctrine nouvelle. D'autre part, parce que la doctrine dont fait état la nouvelle profession de foi est une doctrine ferme, qui ne prête à aucun doute et qui est, somme toute, déjà en possession de l'Église. D'ailleurs, s'il y a lieu, on pourra toujours la compléter après le concile.

Il est intéressant de noter que, dans son mot de présentation, le cardinal-président répond d'avance à une objection qui pourrait être soulevée relativement au fait que le projet de Profession de foi réfère aux encycliques *Pascendi* et *Humani generis.*

6. AP II, II, *Pars, I,* p. 499-502.

Il n'y a pas là matière à difficulté, souligne le cardinal, puisque les doctrines contenues dans ces encycliques se trouvent déjà dans la formule antimoderniste. De plus, il s'agit de doctrines très certaines. Qu'importe la provenance d'une vérité, ce qui compte c'est la vérité elle-même que chacun est amené à professer. Pour terminer, avant de souligner son ouverture aux suggestions, le Rapporteur dit un mot pour évoquer une réticence entendue la veille concernant l'utilisation de l'encyclique *Humani generis.* Cette encyclique, souligne-t-il, laisse la porte largement ouverte à tous les éventuels développements de la science. Tous ces propos du Préfet du Saint-Office respirent la confiance, attitude qui sera si caractéristique du cardinal Ottaviani au début du concile. Ils veulent être appaisants, mais ils n'empêcheront pas que des résistances fermes ne s'expriment.

Il n'est pas nécessaire à notre propos d'examiner en détail et surtout d'évaluer chacune des remarques faites par les membres de la Commission centrale sur chacun des points de doctrine touchés par la longue profession de foi qu'ils avaient devant eux[7]. Les assauts seront nombreux. Il ne faut pas s'en étonner car la rédaction de ce projet avait été faite sans inhibition aucune. On n'hésitait devant aucune précision à apporter. On ne craignait aucune majoration. Il n'est pas sans intérêt cependant de faire une certaine énumération des points de doctrine que les participants soumettront à la critique.

Le cardinal Frings[8] demande qu'on évite dans une profession de foi de désigner Marie comme «mère des hommes». Il souhaite qu'on présente d'une façon plus nuancée l'autorité du pape. Pour la doctrine concernant les sacrements, il demande qu'on s'en tienne à la formule plus réservée du concile de Trente.

---

7. On trouve le texte de ce projet de profession de foi dans AP II, II, *Pars I,* p. 495-499.

8. AP II, II, *Pars I,* p. 506.

Mgr Gaggiano[9] souhaite que, parlant de la connaissance de Dieu, on exprime mieux le principe de causalité, de manière à éviter la formulation tautologique qu'il détecte dans le texte. Il résiste devant l'affirmation qu'on peut accéder avec certitude, par la raison, à la connaissance de l'existence d'un Dieu *personnel.* Il pense sans doute à la réserve plus grande que le concile Vatican I avait manifestée sur ce point, comme sur tant d'autres.

Le cardinal Jullien[10] demande qu'on évite de trancher entre monogénisme et polygénisme, de manière à éviter éventuellement une autre affaire Galilée.

Mgr Hurley[11] trouve qu'on ne dit pas tout quand on ne parle que de l'unité, de la sainteté et de la fécondité de l'Église. Il y a aussi en elle tout ce qui émane de la stupidité et de la faiblesse humaines.

Le cardinal Alfrink[12] n'aime pas l'expression «hors de l'Église point de salut», qui a suscité tant de difficultés. Il n'aime pas non plus qu'une profession de foi impose d'affirmer que c'est d'une façon parfaitement satisfaisante qu'on appelle «transsubstantiation» ce qui se passe au cours de la célébration eucharistique.

Le cardinal Bea[13] craint que la formule employée pour Marie ne voile la doctrine de *1 Tim* 2,5, où il est affirmé qu'il n'y a qu'un médiateur entre Dieu et les hommes. Il rappelle que le Christ n'a pas confié son Église qu'à Pierre, comme semble l'exprimer le projet de profession de foi, mais à tous les Apôtres. Il exige que la profession de foi ne donne pas l'impression que l'autorité des évêques leur vient du Souverain Pontife. Il voudrait qu'on tienne compte des difficultés des Protestants quand on parle du *sacrifice* de la messe. Il s'interroge sur le sens de

9. AP II, II, *Pars I,* p. 507-508.
10. AP II, II, *Pars I,* p. 508.
11. AP II, II, *Pars I,* p. 509-511.
12. AP II, II, *Pars I,* p. 517-518.
13. AP II, II, *Pars I,* p. 519-520.

l'expression «eodem sensu eademque sententia» qu'on trouve dans le n° 13 du projet, alors que celui-ci aborde la question de la tradition.

Mgr Bazin[14] voudrait qu'on évite d'inclure dans une profession de foi l'obligation qu'aurait l'État de reconnaître un Dieu personnel. Il ne trouve pas opportun non plus de s'aventurer à dire qu'on est sauvé par le baptême, réel ou du moins de désir.

Tout cela faisait beaucoup de critiques et l'on pourrait se demander ce qu'il serait resté du projet si l'on avait essayé de tenir compte de toutes les difficultés soulevées lors de cette seule séance de travail. L'essentiel des critiques restait pourtant à venir et portera surtout sur l'inspiration de l'ensemble du projet.

On trouvait peu heureux qu'on exige de prononcer, avant même l'ouverture du concile, une formule de profession de foi comportant un grand nombre de points de doctrine dont on voudra sans doute traiter dans l'assemblée conciliaire. Certains mettaient en question l'option selon laquelle une profession de foi serait à ce point axée sur la nécessité de condamner des erreurs. Ils préconisaient plutôt une affirmation sereine de la foi qu'on professe, une approche joyeuse même[15]. Mais les critiques les plus percutantes et les plus nombreuses portèrent sur la nécessité de rédiger une profession de foi qui n'inclue pas des opinions discutées ou discutables. Une profession de foi ne doit pas préjuger de questions non définitivement résolues, affirmera Mgr Seper[16], le futur préfet de la Congrégation pour la Doctrine de la foi. Dans la même veine, on ira jusqu'à dire qu'une profession de foi ne devrait comporter que des dogmes définis. C'est pourquoi un large consensus allait s'exprimer demandant qu'une profession de foi ne contienne pas de références aux encycliques, celles-ci ne servant justement pas à proclamer des dogmes. Il faut noter ici en passant que les références aux ency-

14. AP II, II, *Pars I*, p. 521.
15. Voir surtout l'intervention de Mgr Hurley, AP II, II, *Pars I*, p. 521.
16. AP II, II, *Pars I*, p. 521.

cliques étaient vraiment nombreuses dans le projet proposé aux Pères de la Commission centrale[17].

Ces dernières remarques ont un grand intérêt pour la question que nous nous posons dans cet ouvrage. Il n'est donc pas superflu de s'arrêter un peu sur la manière dont elles furent exprimées. Beaucoup des suggestions faites à la Commission centrale pourraient d'ailleurs être reprises avec profit aujourd'hui, alors que nous sommes, une nouvelle fois, devant une profession de foi qui fait problème. Mais n'anticipons pas.

Le premier à intervenir fut le cardinal Tisserant, le doyen du collège des cardinaux. L'intervention est d'une grande clarté et d'une fermeté presque brutale. Tisserant est contre le rappel, dans une profession de foi, du contenu des encycliques. La raison en est bien simple: les encycliques ne contiennent pas de définitions infaillibles et ne requièrent donc pas un assentiment de foi proprement dit[18]. On ne pouvait être plus explicite et le lecteur souhaiterait que cette intervention retentisse à jamais dans l'Église. Non seulement pour l'élément de liberté dont elle souligne l'urgence, mais aussi parce qu'elle exprime à merveille la vraie nature d'une profession de foi.

Cette première intervention trouvera sans tarder un écho dans les propos du cardinal Liénart[19]. Dès le début de toute la discussion qui suivra, celui-ci émettra une norme qui pourrait devenir la règle d'or de toute profession de foi: «Il est extrêmement important que, dans le texte d'une profession de foi, on ne trouve rien qui puisse paraître restreindre ou excéder l'objet de la foi.» Remarquons les accents: Liénart parlera de quelque chose d'«extrêmement important»; il exigera qu'on ne trouve rien qui puisse «même seulement paraître» restreindre ou excéder l'objet de la foi. Bref, une profession de foi doit être fidèle à ce qu'elle prétend être; elle ne saurait déborder la foi, ni contenir des

17. Nous en avons compté douze.

18. AP II, II, *Pars I,* p. 502.

19. AP II, II, *Pars I,* p. 502-503.

choses qu'on ne saurait exiger au nom de la foi. Il n'était pas possible de s'opposer plus en profondeur et en moins de mots au projet que présentait et soutenait le cardinal Ottaviani. Et Liénart, comme Tisserant, demandait que dans une profession de foi on ne mêle pas l'autorité des encycliques avec celle des conciles. «Bien que les encycliques jouissent d'une grande autorité, on ne doit pas les mettre sur le même pied que les conciles œcuméniques et, en conséquence, il me paraît préférable de ne pas les mélanger[20].» D'ailleurs, poursuit le cardinal, s'il fallait référer à une encyclique, on ne voit pas pourquoi il faudrait référer à l'une plutôt qu'à l'autre...

Suit l'intervention du cardinal Döpfner[21]. Il souhaite qu'on évite les mots «Je jure» (*Juro*), pour que la profession de foi ne devienne pas un serment et pour respecter de cette manière le vœu de Jésus concernant les serments. Il se demande si l'on doit conserver la mention spéciale qui est faite du pouvoir qu'aurait le magistère suprême d'expliquer la loi naturelle, puisque cette compétence n'est pas vraiment mise en question par le catholique. Sans doute était-ce là une manière élégante d'exclure du projet de profession de foi un point de doctrine qui ne méritait pas d'y être. Quant aux diverses décisions en matière de loi naturelle dont il était question dans la note du n° 16 du projet, le cardinal souligne qu'il serait souhaitable de bien distinguer les diverses propositions puisqu'elles ne jouissent pas toutes du même degré de certitude théologique. Concernant la référence qui était faite aux encycliques *Pascendi* et *Humani generis*, il demande qu'on les omette: les erreurs que condamnait l'encyclique *Pascendi* ne sont plus guère soutenues maintenant. Bien plus, on pourrait renoncer à toute référence à une encylique de manière que la profession de foi ne soit pas trop appesantie par des points de doctrine particuliers et pour que soit conservée une présentation équilibrée des vérités fondamentales. Le cardinal

20. AP II, II, *Pars I*, p. 503.
21. AP II, II, *Pars I*, p. 503-504.

Döpfner reprenait ainsi, en des termes un peu différents mais encore une fois très explicites, des vues que les premiers orateurs avaient déjà exprimées et qui seront reprises par plusieurs autres par la suite. S'il est un point qui réunit un large consensus au cours de cette séance de la Commission centrale, ce fut bien celui-là. On l'a bien oublié par la suite, dans l'après-Concile, comme on le verra.

Peu après Döpfner, toujours sur le même point, le cardinal Frings[22] sera plus explicite encore. Parlant des encycliques, après avoir souligné que plusieurs ne savent pas ce qui se trouve dans ces longues lettres, il exprimera un avis catégorique: «Si tout cela n'est pas éliminé, je voterai *non placet.*»

Après toutes ces critiques, les mots du cardinal Ottaviani, au moment de faire sa synthèse du débat, résonnent avec un comi que irrésistible: «On ne peut tout faire entrer dans une profession de foi[23].» En effet! Mais c'est ce que faisait le projet qu'il présentait plus tôt avec confiance. Et c'est ce qu'on voudra faire encore davantage par la suite, dans l'après-Concile. Mais n'anticipons pas, encore une fois. Essayons simplement de récolter tout ce que cette extraordinaire séance de la Commission centrale peut nous enseigner.

On a beaucoup trop négligé cette séance du 9 novembre 1961 de la Commission centrale du concile. Elle était pleine de signification pour le concile. Elle le sera aussi pour l'après-Concile, puisque la question de la profession de foi y occupera tant de place et suscitera tant de remous. Cette séance extraordinaire établissait le ton de tout ce qui allait venir. On y décide de ne pas entériner de façon mécanique ce qui avait été préparé. Chacun fait ses remarques à partir de sa compétence propre, de sa sensibilité. Chacun s'exprime avec une totale autonomie. Cette séance en est une où la liberté des évêques se laisse voir; elle est un beau moment de libre expression épiscopale. Les critiques

22. AP II, II, *Pars I*, p. 506.
23. AP II, II, *Pars I*, p. 511.

sont civilisées, voire délicates dans le ton, mais elles restent fermes et ne sont jamais voilées ou édulcorées. On est frappé aujourd'hui par la capacité de rejet qui s'y exprime déjà. Nous sommes ici devant le premier grand rejet de Vatican II et c'était un rejet important. À distance, on se dit que c'est là un moment de la vie de l'Église qu'on ne doit à tout prix jamais oublier. Les Pères de la Commission centrale mettent en question des manières de dire les choses, ils refusent des contenus précis qu'on avait pensé pouvoir introduire tout tranquillement dans une profession de foi imposée à toute l'Église. Par ces rejets, c'était déjà une théologie préconciliaire trop sûre d'elle-même qui était contestée.

D'un point de vue positif, les Pères de la Commission centrale évoquent un certain nombre de normes, saines, pleines d'un accent nouveau, pour dire ce que devrait être une profession de foi. Celle-ci doit être sereine, joyeuse même. Elle doit être courte, aller à l'essentiel et ne pas s'arrêter à des doctrines trop particulières. Elle ne doit pas référer à des documents qui n'engagent pas l'infaillibilité de l'Église, en particulier aux encycliques. Elle doit éviter d'être structurée en vue de doctrines à condamner. Elle doit éviter d'imposer des doctrines qui sont objets de débats. Elle ne doit évoquer l'autorité du Souverain Pontife que dans des termes qui la situent bien dans le contexte général de l'Église et de la collégialité épiscopale. Elle doit éviter de verser dans des certitudes exagérées et d'insérer des points de doctrine qui pourraient faire l'objet de doutes. Elle ne doit pas être transformée en serment. Elle doit tenir compte de la hiérarchie des vérités et des certitudes. Elle doit tenir compte d'une façon rigoureuse des vraies décisions des conciles antérieurs, sans les simplifier, sans en majorer l'amplitude. Bref, les tranquilles échanges de cette extraordinaire séance, portant sur un sujet capital, sont une véritable leçon de choses pour les théologies et les magistères futurs.

N'en doutons pas, les résultats de cette séance sont des plus importants. Pour l'immédiat, on renvoyait le texte pour correction, non sans avoir souligné que c'est plutôt à la fin du concile qu'on devrait envisager la rédaction d'une nouvelle profession de foi. En fait, ce projet sera enterré et ne reviendra jamais devant le concile. Au début du concile, Jean XXIII et un représentant des évêques se contenteront de lire la Profession de foi tridentine à laquelle on avait ajouté les apports de Vatican I. Et le concile ne sera plus placé devant quelque projet que ce soit en cette matière. Ce qui viendra par la suite, en matière de profession de foi, n'appartiendra qu'à l'après-Concile. Nous le considérerons, bien sûr, en temps opportun. Pour le moment, il nous suffit d'avoir assisté à ce grand moment de la liberté épiscopale. Celui-ci s'inscrit d'une manière indélébile dans l'histoire de l'Église et dans celle des professions de foi. Il constitue, à sa manière, un fort moment de célébration de la liberté de la pensée dans la foi.

Devant une description du magistère

Il est impossible de comprendre ce que le concile dira sur le magistère sans retourner à la séance du 19 juin 1962 de la Commission centrale[24]. Pourtant, on n'y réfère presque jamais. On se contente de lire les textes du concile à l'état brut, d'une manière fondamentaliste, sans se demander pourquoi ils ont pris la forme dans laquelle ils nous parviennent, sans tenir compte de ce qui a été omis ou des débats dont ils ont voulu engranger les résultats.

Tout comme la séance portant sur la Profession de foi, celle qui traita du magistère fut l'occasion d'une extraordinaire libre expression de la pensée de la part des évêques présents. Comme la séance du 9 novembre 1961, celle du 19 juin 1962 est pleine d'enseignements dont l'intérêt reste permanent et même d'une

24. Le procès-verbal de cette séance se trouve dans AP II, II, *Pars IV*, p. 621-656.

grande actualité[25]. Je me contenterai de faire état des principales remarques des membres de la Commission qui intéressent notre sujet. Quand cela aura été fait, on comprendra mieux comment les choses allaient se présenter par la suite aux Pères du concile.

Le texte en question constituait le chapitre VII du schéma *De Ecclesia.* Il était proposé par la Commission théologique préconciliaire et il fut présenté par le cardinal Ottaviani. Ce chapitre était remarquablement plus long que le passage que le concile consacrera à la question du magistère dans le n° 25 de *Lumen gentium,* au troisième chapitre de la Constitution dogmatique sur l'Église. Il comportait sept sections:

1. l'existence et la nature du magistère authentique;
2. le sujet du magistère authentique;
3. l'objet du magistère authentique;
4. les organes subsidiaires du magistère authentique;
5. le rôle et l'autorité des théologiens;
6. les auxiliaires dans le rôle pastoral du magistère;
7. la coopération de tous les fidèles au magistère authentique.

Il serait évidemment inutile de rapporter ici tous les contenus de ce texte et encore moins d'en faire une évaluation personnelle. Ce texte, en effet, rejoindra l'immense panier aux rebuts de l'histoire de ce concile. Mais il est fort instructif d'enregistrer les réactions qui s'exprimèrent à la Commission centrale. Le faire est particulièrement intéressant du fait que le texte, par les avatars de l'histoire conciliaire, se trouve à n'avoir pas autrement été discuté par l'ensemble des Pères conciliaires, puisque le schéma *De Ecclesia* en entier fut renvoyé pour refonte, au début de décembre 1962, sans qu'on ait pu discuter des con-

25. On trouve le texte du schéma dont l'examen faisait l'objet de la Commission dans AP II, II, *Pars IV,* p. 621-629. Ce schéma est pratiquement le même que celui qui sera présenté aux Pères du concile, à l'intérieur du *De Ecclesia,* en novembre 1962.

tenus du Chapitre VII. Assistons donc ensemble à la session du 19 juin 1962 de la Commission centrale, quelques mois à peine avant l'ouverture du concile lui-même. Nous pourrons le faire, encore une fois, grâce aux procès-verbaux de cette Commission[26].

Comme cela est arrivé à quelques reprises, c'est le cardinal Liénart[27] qui ouvre le feu. Il ne fera que deux brèves remarques. La première pour dire que le concile Vatican I a déjà exprimé la pensée de l'Église concernant le rôle magistériel du Souverain Pontife. Ce rôle, affirme Liénart, est admis de tous. Pour compléter la pensée de l'Église sur le magistère, il suffit donc de dire le rôle des évêques, qui s'exerce en lien avec le Souverain Pontife. La seconde remarque sera pour exprimer son irritation devant le fait que l'autorité du Souverain Pontife revient sans cesse comme si elle était mise en question ou comme si elle s'opposait à l'autorité des évêques. Il serait préférable pour nous et pour les Orientaux, souligne le cardinal, de mettre en lumière le fait que, dans l'Église, le collège des évêques et les évêques eux-mêmes ont une véritable autorité avec le Souverain Pontife. Comme on le voit, s'exprimait déjà ici un vœu qui retentira à plusieurs reprises durant presque tout le concile dès lors qu'on abordera ces questions.

Cette pensée est immédiatement reprise par le cardinal Frings[28]. L'intervention de ce dernier comporte deux temps. Dans un premier temps, il s'interroge. Tout cela est-il nécessaire? Tout cela n'a-t-il pas déjà été dit? Est-il convenable de s'attarder à dire tout cela alors qu'on dira si peu de choses sur Dieu, sur Jésus? Les théologiens, lui semble-il, sont trop introvertis et ne pensent qu'à l'Église. Dans le second temps, l'Archevêque de Cologne formule des remarques qui intéressent tout particulièrement le propos du présent ouvrage. Entre autres choses, il

26. AP II, II, *Pars IV*, p. 621s.
27. AP II, II, *Pars IV*, p. 637-638.
28. AP II, II, *Pars IV*, p. 638-639.

demande qu'on ne recommande pas d'établir des censures particulières, comme le faisait le texte, pour ceux qui s'opposeraient à des opinions théologiques réputées communes et certaines. Mais c'est surtout sa position concernant le célèbre texte de l'encyclique *Humani generis* qui retiendra notre attention. Le schéma que les évêques avaient devant les yeux reprenait en effet au n° 2, *verbatim,* le texte d'*Humani generis* affirmant que si le Souverain Pontife porte un jugement sur un point jusqu'alors laissé à la controverse, tous doivent comprendre que cette question, dans l'esprit et selon la volonté du Souverain Pontife, ne peut plus être laissée à la discussion libre entre théologiens[29]. Avec ce texte fameux, nous sommes évidemment au cœur de ce qui fait l'objet de cet ouvrage, la question de la liberté de la pensée et de l'expression de la pensée dans l'Église.

Sur ce point crucial et pour sortir des difficultés que lui paraissait susciter le texte de Pie XII, le cardinal Frings proposera la modification suivante: qu'on se contente de dire que lorsque le pape se prononce sur une question jusqu'alors controversée, on doit accorder à sa pensée un *assentiment religieux,* et que la pensée en question ne saurait être de nouveau objet de discussion entre théologiens *à moins de raisons graves*[30]. C'est évidemment l'ajout de ces derniers mots qui constituait le cœur de la proposition du cardinal Frings.

Cette proposition était d'une remarquable brièveté, mais elle mérite qu'on s'y arrête car elle change tout en profondeur. Il ne suffit pas de dire que, par cet ajout, la formule péremptoire

29. «Si les Papes portent expressément dans leurs actes un jugement sur une matière qui était jusque-là controversée, tout le monde comprend que cette matière dans la pensée et la volonté des Souverains Pontifes n'est plus désormais à considérer comme question libre entre les théologiens.» Cf. AAS 42 (1950), p. 561-578; traduction de la Bonne Presse.

30. «Dicatur: "Sententia in talibus actis a Summis Pontificibus de re hactenus controversa data assensum religiosum expostulat, et materia in hac sententia tractata *nonnisi gravibus causis denuo* inter theologos in disputationem trahi potest."» (AP II, II, *Pars IV,* p. 638. Les italiques sont de nous.)

d'*Humani generis* est modifiée par la substitution d'une formulation plus souple. Il ne suffit pas de dire non plus que la formule proposée est *moins* absolue. La réalité est qu'on remplace une formule absolue par une autre qui ne l'est pas. Tout cela est fait grâce à l'adjonction, si économique, de trois mots: «à moins de raisons graves» (*nonnisi gravibus causis*). Cette intervention de Frings mérite de passer à l'histoire de la réflexion sur l'autorité du magistère pontifical dans l'Église comme un moment d'une exceptionnelle importance. Ce n'est pas tous les jours qu'un évêque et même un cardinal de grande réputation corrige une encyclique pontificale sur une question majeure! L'intervention du cardinal Frings à la Commission centrale de juin 1962 rappelle la claire distinction qu'il importe de toujours faire entre les enseignements infaillibles qui réclament dans l'absolu l'adhésion de tous les fidèles et les autres enseignements auxquels on doit donner son adhésion à moins qu'on ait des raisons graves de ne pas le faire. Ajoutons que cette superbe intervention se termine par ces mots: «Il importe de dire aussi un mot de l'initiative chrétienne des fidèles qui doit être encouragée, parce que ce qui doit régner dans l'Église, c'est non pas la peur, mais la liberté des enfants de Dieu, l'amour et la magnanimité[31].»

Après les cardinaux Ruffini et Léger dont les propos ne concernent pas le sujet qui nous intéresse ici, le cardinal König[32] fournira une contribution qui n'est pas moins importante. Notons au préalable que la très substantielle intervention de König touchera plusieurs points. Le cardinal voudra qu'on tienne compte du fait que les fidèles n'ont pas qu'un rôle passif dans la conservation du dépôt de la foi. «Grâce à l'aide de l'Esprit-Saint, non seulement les fidèles reçoivent-ils la parole de Dieu enseignée par leurs pasteurs et la comprennent-ils correctement, mais ils peuvent aussi, sous la vigilance du magistère, contribuer à l'évolution du dogme chrétien. D'ailleurs, ils y ont

31. AP II, II, *Pars IV*, p. 639.
32. AP II, II, *Pars IV*, p. 642-644.

contribué de fait, comme l'histoire en témoigne.» König demandera qu'on explicite le sens de la formule de Vatican I selon laquelle l'autorité du Souverain Pontife s'exprimant *ex cathedra* est infaillible et irréformable par elle-même (*ex sese*) et non pas du consentement des fidèles ou des autres évêques. L'intention de cette demande était qu'on puisse, de cette manière, répondre aux difficultés que ce texte a suscité chez les Protestants. König insistera sur le fait que la vérité d'une définition dogmatique n'est pas la même chose que son opportunité. En matière de vérité, il n'y a pas de plus ou de moins, mais il y en a quand il est question d'opportunité. Mais ce sont deux autres remarques du cardinal König qui sont d'une importance particulièrement grande pour l'objet dont s'occupe cet ouvrage.

Le cardinal König lisait dans le schéma l'affirmation que l'Église est dotée, par le Saint-Esprit, du *charisme d'une vérité indéfectible*, expression qu'on trouvait dès le n° 1 du schéma et qui revenait par la suite. Ces mots lui inspirent une remarque qu'il est bon de rapporter en entier:

> Il faudrait ajouter quand et dans quelles circonstances l'Église jouit de ce charisme de vérité indéfectible. Autrement, le texte dirait plus que ce qu'il a voulu dire. En effet, l'expérience témoigne de ce que l'Église et ses membres n'ont pas toujours, déjà et en toutes choses, une connaissance pleine et parfaite des choses divinement révélées; et les choses qui sont révélées ne sont pas toujours et en toutes choses parfaitement distinctes de pensées purement humaines. C'est pourquoi, à mon humble avis, on pourrait dire les choses ainsi: Dieu a doté son Église, par l'Esprit-Saint, du charisme d'une vérité indéfectible, *lorsque, par son magistère ordinaire ou extraordinaire et dans un jugement définitif obligeant d'une manière absolue, elle impose une doctrine à tenir par les fidèles comme divinement révélée ou comme nécessairement liée à une vérité révélée.* (Les italiques sont de nous)[33].

33. AP II, II, *Pars IV*, p. 642.

Quand on sait l'abus qui est fait, parfois chez les instances les plus élevées de l'Église, de l'appel à l'idée que Dieu a donné à l'Église un «charisme indéfectible de vérité», l'opportunité de cette remarque du cardinal König saute aux yeux. L'archevêque de Vienne s'opposait à ce qu'on évoque à tous propos et sans nuance l'existence de ce charisme indéfectible de vérité. Il exigeait qu'on circonscrive la formulation de ce charisme d'une façon on ne peut plus claire et explicite. Ce charisme ne se vérifie qu'en regard des choses révélées ou nécessairement liées à elles. Bien plus, on ne peut considérer l'existence de ce charisme que lorsque, par un jugement définitif, le magistère oblige d'une façon absolue à accueillir un enseignement comme divinement révélé. Certes, il est impossible de lire cette remarque sans penser au concile Vatican I dont elle reprend l'enseignement prudent.

L'autre remarque particulièrement importante concerne, elle aussi, la fameuse phrase d'*Humani generis* dont il a été question plus haut. König reconnaît qu'on doive donner l'assentiment (*obsequium*) de son intelligence et de sa volonté à un enseignement pontifical non infaillible. Mais il réclame qu'on distingue bien cet assentiment de celui qu'on doit donner à une définition proprement dite. Le texte, dit-il, suppose que le Souverain Pontife ne parle pas *ex cathedra.* «En conséquence, une telle déclaration n'est pas irréformable et, même si la discussion doit être terminée, elle ne peut pas être dite une «définition péremptoire». Il faudra donc que le texte soit rendu plus clair, de manière que toutes les déclarations des Souverains Pontifes ne soient pas considérées en pratique comme des définitions *ex cathedra*, même celles qui non seulement sont de droit réformables mais sont parfois de fait à réformer.

L'intervention du cardinal Döpfner[34] est également de celles qui s'imposent à notre attention. Après quelques mots d'éloge pour le texte proposé, il signale que certains points devront être

34. AP II, II, *Pars IV*, p. 644-647.

modifiés avant que le texte soit présenté au concile. Ce qui motive ses demandes, c'est que des doutes agitent même les catholiques en regard du magistère de l'Église. D'aucuns sont anxieux et craignent que l'usage du pouvoir que le Christ a donné à l'Église ne serve, sous prétexte de sauvegarder la vérité, à la poursuite de fins humaines, comme il est dit dans la première épître de Pierre (*1 P*, 5,3). Certes, soulignera le cardinal, cette anxiété est parfois irrationnelle; elle n'est pas fondée sur la nature du magistère, mais provient surtout de circonstances historiques. Mais ce fait bien réel doit être perçu et le concile doit en tenir compte. C'est pourquoi ça n'aiderait pas les choses de simplement répéter et d'inculquer d'une façon absolue et rigoureuse ce qui a déjà été déclaré clairement et d'une manière définitive au concile Vatican I et par le magistère ordinaire.

Le cardinal estime ce chapitre VII tout à fait fondamental. Il voudrait qu'on fournisse une présentation pastorale montrant comment ce grand et grave pouvoir d'enseigner est conforme à la nature même de l'Église et à sa mission salvifique. Le concile rendrait un grand service s'il parvenait à intégrer dans le cadre de l'économie du salut la doctrine catholique concernant le magistère de l'Église initiée à Vatican I et s'il répondait ainsi aux difficultés et aux anxiétés que celle-ci suscite. Le schéma offre déjà des choses en vue de ces objectifs, mais il faudrait établir les accents d'une autre manière. Suivent un certain nombre de points dont le cardinal demande qu'on tienne compte.

Il veut qu'on décrive le rôle premier du magistère comme étant l'annonce du salut, ce qui constitue proprement le kérygme. La fin première du magistère est donc d'annoncer l'évangile, de sorte que les hommes entendent la parole de Dieu, fassent pénitence et parviennent à la foi pour leur salut. Toutes les autres fonctions — garder, exposer, préserver le dépôt de la foi — doivent être subordonnées à cette fin essentielle. Il aborde ensuite les questions concernant le magistère du Pontife romain. Comme la doctrine concernant le magistère infaillible du Souverain Pontife et même la doctrine concernant son magistère ordinaire non infaillible font difficulté auprès de nos frères séparés, il faudra présenter des explications pour répondre aux difficultés soulevées. On devra montrer le lien qu'a le magistère du Souverain Pontife avec toute la structure et la mission de l'Église. Pour cela, il faudra peut-être remonter jusqu'au rôle et à la fonction que le collège des Apôtres a joués en tant que tel et dans lequel Pierre a rempli sa propre mission. On pourra montrer ensuite, poursuit-il, comment le corps épiscopal continue à exercer cette fonction et comment le magistère confié à Pierre et qui doit être continué par les Pontifes romains ne sert qu'au bien de l'Église, mais non sans être en relation avec les autres évêques. Il est vrai que ce magistère se tient par lui-même et n'a pas besoin pour son exercice valide de l'assentiment des autres évêques et des fidèles. Mais pour éviter qu'on soupçonne que le Souverain Pontife pourrait s'adonner à des définitions *ex cathedra* d'une manière arbitraire et à son bon plaisir, on devrait dire que le Souverain Pontife «dans l'exercice de sa fonction et en tenant compte de la gravité de la chose est tenu de mettre en œuvre les moyens aptes à parvenir à la vérité et à bien l'exprimer». En affirmant ce point, le cardinal Döpfner notait que ces dernières remarques se trouvaient précisément déjà dans le rapport officiel que Mgr Gasser avait présenté au concile Vatican I. Le schéma présenté à la Commission centrale présentait d'ailleurs lui-même ce texte, mais en note seulement.

Le second point que le cardinal Döpfner abordera est relatif au passage de l'encyclique *Humani generis* dont nous avons déjà eu à faire état. Il voudra qu'on tienne compte des questions qui se posent concernant l'autorité du magistère ordinaire non infaillible. Il en soulignera deux:

1. Quelle est la nature de cet assentiment (*obsequium*) de l'intelligence et de la volonté, interne et religieux, requis quand les enseignements proposés ne sont pas de soi irréformables?

2. Comment doit-on procéder ou que doit-on faire lorsque, devant de tels enseignements, des doutes surgissent du fait de l'émergence de nouvelles questions et de nouveaux arguments?

Ces deux questions sont loin d'être banales. Si elles ont relativement peu préoccupé le concile par la suite, à cause de circonstances que nous expliquerons un peu plus loin, elles reviendront hanter toute la vie de l'Église post-conciliaire d'une façon qu'il n'est pas exagéré de qualifier de «dramatique». Aussi ne saurait-on négliger la réponse — à vrai dire un peu rusée — que Döpfner propose comme solution. Celle-ci est tirée du comportement que le Saint-Office avait eu dans sa réponse du 2 juin 1927 au sujet du *comma johanneum* (*1 Jn*, 5,7). Dans cette réponse on affirmait que, même s'il avait été affirmé que la discussion d'un enseignement magistériel non infaillible n'était plus permise, l'Église ne voulait pas empêcher une investigation plus complète. Bien plus, le cas peut se présenter, signalait-on, où il est permis aux auteurs de proposer une opinion contraire à l'enseignement donné, pourvu qu'ils le fassent avec la modération et la tempérance qui s'imposent et pourvu qu'ils soient prêts à s'en tenir au jugement de l'Église. Après avoir renvoyé au n° 2198 de Denzinger rapportant cette réponse[35], le cardinal Döpfner demandera qu'on insère dans le texte du schéma un rappel de cette décision.

Le lecteur qui s'imposera la lecture intégrale du procès-verbal de cette séance pleine d'intérêt sera frappé par le grand

35. «Decretum hoc latum est, ut coerceretur audacia privatorum doctorum jus sibi tribuentium authentiam commatis Joannei aut penitus reiciendi aut ultimo judicio suo saltem in dubium vocandi. Minime vero impedire voluit, quominus scriptores catholici rem plenium investigarent atque, argumentis hic inde accurate perpensis, cum ea, quam rei gravitas requirit, moderatione et temperantia, in sententiam genuinitati contrariam inclinarent, modo profiterentur, se paratos esse stare judicio Ecclesiæ, cui a Iesu Christo munus demandatum est sacras Litteras non solum interpretandi, sed fideliter custodiendi.»

nombre de membres de l'assemblée qui exprimeront leur appui aux principales interventions dont nous avons fait état au cours de ces dernières pages. S'exprimait ainsi, sinon un évident consensus, du moins l'évidence du fait que ces interventions rejoignaient des préoccupations largement partagées.

Il y a quelque chose d'étonnant dans cette séance du 19 juin 1962. C'est comme si on y avait anticipé toutes les difficultés — si grandes! — qui allaient embarrasser l'Église dans la période post-conciliaire, et comme si on avait tenté par anticipation de trouver des réponses qui les préviendraient. Un certain nombre de soucis semblent avoir dominé cette séance: le lien à faire entre le magistère pontifical et celui des évêques, du collège des évêques et même de toute l'Église; la recherche d'une présentation plus soignée de l'infaillibilité pontificale, de manière à répondre aux difficultés soulevées dans les autres Églises chrétiennes; une meilleure manière de décrire l'accueil à donner aux enseignements pontificaux non infaillibles. Ce dernier point surtout retenait l'attention. Il est important d'y revenir ici pour s'assurer de bien profiter des enseignements dont cette séance était porteuse.

Il est difficile d'exagérer l'intérêt et l'importance de la suggestion du cardinal Frings. Elle portait sur la célèbre phrase de Pie XII. On lisait, dans le schéma présenté, ces mots repris de l'encyclique *Humani generis*: «Quand le Souverain Pontife s'exprime sur une question jusqu'alors controversée, il doit être évident pour tous que, dans l'esprit et la volonté du Pontife, la question ne peut plus désormais être considérée comme laissée à la libre discussion des théologiens.» Par l'adjonction de quelques simples mots, le cardinal Frings proposait qu'on enlève à cette phrase son caractère absolu. On ne reprendra pas la discussion entre théologiens «*à moins que des raisons graves ne le réclament*».

Il y a beaucoup de choses remarquables dans cette suggestion. Elle change tout, à l'aide de quelques mots seulement. Elle relativise avec raison ce qu'on présentait dans l'absolu comme réclamant l'assentiment. Elle exclut le «définitif» de l'enseignement non infaillible. Elle instaure une autre manière, moins absolue, de recevoir les appels à considérer une question comme close. Elle exige qu'on ne reprenne le débat que lorsque des raisons graves y autorisent.

Doit-on signaler des faiblesses dans cette suggestion si lucide et si courageuse? Une seule, pensons-nous. Peut-être le cardinal Frings aurait-il pu être plus explicite encore pour affirmer que le magistère ne saurait s'exprimer de façon absolument définitive que lorsqu'il est prêt à s'exprimer dans un cadre où son infaillibilité serait engagée. Mais le cardinal Frings pouvait-il prévoir les débats et les contradictions de l'après-Concile? Quoi qu'il en soit, le malheur de cette excellente suggestion fut qu'elle était liée à un texte pontifical, l'encyclique *Humani generis*, et qu'elle s'est trouvée oubliée du fait de la disparition de ce dernier des futurs schémas conciliaires. Ici non plus, n'anticipons pas.

Nous avons dit un mot des remarques du cardinal König concernant l'usage de la doctrine selon laquelle l'Église jouit du charisme de la vérité. Le cardinal invitait à la modestie dans cette revendication. Dans une formule d'une remarquable netteté, il souhaitait qu'on ne parle de charisme d'indéfectible vérité que lorsque le magistère ordinaire ou extraordinaire de l'Église, dans un jugement obligeant dans l'absolu, impose quelque chose à tenir par les fidèles comme appartenant à la foi divinement révélée ou nécessairement reliée à celle-ci. Hélas! une telle netteté ne se trouve pas souvent dans les propos aussi bien du magistère que des théologiens.

Ce qu'il y a de remarquable dans l'intervention du cardinal König, c'est que ce dernier réclame qu'on ne parle d'enseignement irréformable que pour les seuls enseignements du Souverain Pontife donnés *ex cathedra*. Tout comme le cardinal Frings, König admet que le Souverain Pontife puisse demander que les discussions cessent sur une question. Mais il demande qu'on distingue clairement une telle demande d'une *définition péremptoire.* Une définition de cette nature ne se trouve que lorsque le pape parle *ex cathedra.* Il demande qu'on clarifie les choses pour éviter qu'en pratique toutes les déclarations pontificales soient considérées comme *ex cathedra*, même celles qui non seulement sont réformables de droit, mais aussi celles qui, de fait, doivent être réformées.

La demande que faisait le cardinal Döpfner à l'effet qu'on clarifie le sens du mot *obsequium* est loin de manquer d'intérêt, compte tenu surtout de la place extraordinaire qu'a tenue ce mot dans l'histoire post-conciliaire de notre question. Mais c'est surtout la solution qu'il propose concernant le célèbre texte d'*Humani generis* qui est intéressante. Certes, la suggestion de Döpfner ne comportait pas une modification précise du texte; elle proposait seulement qu'on en trouve une. Mais en invoquant un précédent, sa suggestion était de nature à rassurer les gens. Il est particulièrement intéressant de remarquer que le précédent en question était antérieur à l'encyclique *Humani generis* et qu'il se trouvait pour ainsi dire à la corriger ou à la nuancer par anticipation!

Quand on fait la somme des suggestions des cardinaux Frings, König et Döpfner, on est placé devant une mise en question fondamentale de la pensée qui était exprimée dans le schéma et qui semblait tout à fait commune à l'époque. Ce qui laisse croire que les pays de langue germanique se présentaient particulièrement bien préparés à la Commission centrale, en ce mois de juin 1962.

Précieuses leçons d'une libre discussion

Il aurait été inutile de s'arrêter à cette histoire des deux séances de la Commission centrale si nous n'en retenions les enseignements. Au cours de ces deux séances et face aux textes qui leur étaient présentés, les évêques ont exprimé clairement leur malaise devant la manière de dire la place accordée à la liberté de la pensée dans la foi et dans l'Église. Ce malaise s'est exprimé avec vigueur en deux occasions: au moment de la discussion d'un projet de profession de foi, au moment où l'on tentait d'exprimer *ex professo* la pensée du magistère sur le magistère.

On peut noter ici que les textes qui avaient été préparés ne faisaient qu'exprimer une pensée alors dominante à Rome. Aussi le cardinal Ottaviani pouvait-il les présenter sans arrière-pensée et avec confiance. Certes, les résistances furent polies, comme on peut s'y attendre dans une réunion de ce genre, mais elles furent claires et fermes. Dans les deux cas, elles étaient une fin de non-recevoir. Ce furent deux moments exceptionnels de liberté épiscopale sur des sujets où la liberté devrait toujours être permise.

On est frappé par l'actualité des sujets abordés dans ces deux séances. Ce que doit être une profession de foi quant à son contenu, quant aux objectifs du geste posé, quant au degré d'autorité des doctrines éventuellement insérées, tout cela est d'un intérêt permanent et plus actuel que jamais. La manière d'exprimer l'accueil à faire à l'enseignement pontifical ou même simplement épiscopal non infaillible et le degré de liberté que cet enseignement peut et doit laisser, voilà également une question qui hante l'Église de notre temps. Dans les deux cas, on est frappé par le caractère fondamental des remarques faites par les membres de la Commission centrale. Le dénominateur commun de ces remarques réside dans l'affirmation de la nécessaire humilité du magistère.

La critique qui fut faite à la Commission centrale n'était pas une critique acharnée. Les textes proposés auraient pu prêter à d'autres critiques encore. En relisant les procès-verbaux de ces séances, on a le sentiment que les participants trouvaient que les critiques faites étaient suffisantes *pour le moment*. En toute hypothèse, le concile lui-même ne pourrait-il pas compléter les analyses faites? À distance, ces séances apparaissent comme ayant ouvert la porte à des critiques qu'on n'osait pas se permettre depuis longtemps devant des textes émanant de Rome. Ne l'oublions pas, l'essentiel des critiques faites étaient relatives à un document récent et considéré comme important, l'encyclique

Humani generis. Pour la première fois la critique était permise. On s'est emparé de ce droit nouveau, sans acrimonie mais avec un abandon total. On n'avait certes jamais entendu de tels propos sur de tels sujets dans la bouche d'évêques et surtout de cardinaux. Une ère de libre pensée épiscopale était inaugurée par ces séances. Elle sera trop vite terminée avec la fin du concile. C'est comme si, progressivement, la libre expression de la pensée épiscopale s'était éteinte avec la fin de ce grand moment de la vie de l'Église en ce siècle. Qui dira jusqu'où va la crainte de la non-unanimité épiscopale dans la vie de l'Église? Déjà cette crainte était clairement exprimée dans la remarque du cardinal Montini[36] lors de la séance du 19 juin 1962 portant sur le magistère de l'Église.

L'inspiration des remarques est transparente. Le souci œcuménique est déjà là et il est parfois exprimé, mais il ne forme pas la principale motivation. On veut surtout respecter la nature des choses: ce qu'est une profession de foi, ce qu'est un enseignement non infaillible.

Le désir de conserver et de respecter la vraie nature de ce qu'est une profession de foi explique qu'on demande d'éliminer de celle-ci la hantise de réprimer les erreurs ou de contrôler les pensées, pour en faire plutôt une proclamation sereine et joyeuse des éléments premiers et fondamentaux de la foi. On veut mettre de la clarté dans le poids d'autorité de ce qui est enseigné. La profession de foi ne devra pas mettre sur le même pied les enseignements des conciles et ceux des encycliques. Délibérément, on exigera d'éliminer toute référence à ces dernières, «ces longues lettres dont on ne sait pas toujours ce qu'elles contiennent», comme le dira le cardinal Frings. On ne retiendra que les enseignements qui touchent la Révélation elle-même et qui s'imposent d'une façon absolue.

Celui qui voudrait regarder les choses de près en faisant la liste de tous les points de doctrine dont un membre ou l'autre

36. AP II, II, *Pars IV*, p. 649-650.

demandait qu'ils n'entrent pas dans la profession de foi sortira étonné de l'étendue de l'énumération. Les vocables attribués à Marie, la sorte de connaissance de Dieu à laquelle la raison peut parvenir, le domaine de la loi naturelle, la formule «Hors de l'Église point de salut», l'obligation pour l'État de reconnaître l'existence d'un Dieu personnel, la nécessité du baptême pour le salut, la notion de transsubstantiation, toutes ces pensées suscitent des résistances quand il s'agit de les inclure dans la profession de foi. Manifestement, on veut ne pas encombrer la foi; on ne veut pas, en tant que magistère, aller au delà des certitudes auxquelles on a droit.

Les chroniqueurs du concile insistent parfois sur l'importance du renvoi de tel ou tel schéma, celui qui portait sur la Révélation, le schéma sur l'Église. En un sens, le renvoi par la Commission centrale du projet de Profession de foi qui lui était soumis est plus significatif encore. Il établissait la règle de ce que devrait être une profession de foi pour que le fidèle puisse la prononcer avec joie en sachant à quoi il s'engage, sans cet arrière-goût de se sentir censuré dans l'exercice de son intelligence dans la foi, sans le sentiment de soumettre son intelligence à une autorité tout humaine. On refusait que la profession de foi devienne le fourre-tout des dernières ratiocinations émanant de cercles théologiques trop étroits, enlisés dans des modes de penser trop particuliers, arc-boutant leur pensée sur des points de doctrine discutables. Ce n'est pas le goût de la brièveté pour elle-même qui motivait les membres de la Commission centrale. C'était le goût d'une pureté de la doctrine qui en respecterait le mystère. C'était le respect de la Parole de Dieu, qu'on n'identifierait pas à des discours humains, fussent-ils par eux-mêmes légitimes. C'était le respect de la juste liberté du croyant. C'était le sentiment, à la suite de tant de péripéties théologico-ecclésiastiques peu glorieuses, de l'importance de la prudence magistérielle.

Nous reviendrons sur cette question de la profession de foi, car l'on sait l'importance qu'elle a prise dans l'après-Concile.

Pour l'instant, il nous suffit de nous réjouir de ce que le projet soumis en novembre 1961 ait été tranquillement enseveli et que les échanges qui ont conduit à ce tranquille enterrement laissent, pour le reste de l'histoire de l'Église catholique, les plus précieux enseignements.

Nous verrons au chapitre suivant ce qu'il est advenu du chapitre VII du schéma préconciliaire *De Ecclesia* portant sur le magistère de l'Église. Un ensemble de circonstances, que nous relaterons, a fait que ce chapitre n'a pratiquement pas été critiqué par les Pères, ni même peut-être lu et étudié par plusieurs d'entre eux. Il est heureux que ce chapitre ait été abordé et critiqué à la Commission centrale. De la sorte, on peut enregistrer, ici encore pour la suite de l'histoire de l'Église, les remarques des membres de cette grande Commission. Ces remarques étaient d'une clarté et d'une franchise qu'on n'aura plus l'occasion de retrouver, parce que l'occasion de les exprimer ne se présentera plus jamais de la même manière. Elles indiquaient une fin de non-recevoir, polie mais ferme, de la pensée apparemment dominante jusqu'au concile concernant l'accueil à faire à l'enseignement pontifical non infaillible. Sur ce point important, elles invitaient de diverses manières, mais sans équivoque, à corriger l'enseignement, encore tout frais pourtant, de l'encyclique *Humani generis.* Elles présentaient des formules de correction qu'il importerait de retrouver pour aujourd'hui. Et pour l'avenir.

Vraiment, ces deux séances de la Commission centrale préconciliaire ne méritent pas d'être oubliées. Elles furent de grands moments de la réflexion de l'Église. Sans elles d'ailleurs, comme nous allons le voir, l'enseignement du concile lui-même sur notre question ne peut être compris.

2

La clarté cachée de *Lumen gentium 25*

L'enterrement du schéma préconciliaire

Lors de l'examen en Commission centrale du schéma sur l'Église (le *De Ecclesia*), le chapitre VII consacré au magistère (le *De magisterio Ecclesiæ*) a donc fait l'objet de critiques mémorables. C'était en juin 1962. Le concile allait s'ouvrir en octobre de la même année. On ne s'étonnera pas que ce chapitre VII soit présenté à la première session du concile pratiquement dans le même état que le texte qui avait été soumis à la Commission centrale: le temps avait manqué pour évaluer les remarques faites et pour en tenir compte. Ce texte, qui avait suscité à cette grande commission de judicieuses et opportunes remarques, allait subir au concile un sort très particulier. Si le projet de Profession de foi avait été enterré par les membres de la Commission centrale, le chapitre VII du *De Ecclesia* le sera par le concile lui-même. Il n'est pas sans intérêt d'en rappeler les circonstances puisque toute la suite des choses en dépendra.

Au cours de l'été 1962, les Pères conciliaires avaient reçu les schémas sur la liturgie, sur le *De ordine morali* et sur le *De deposito fidei pure custodiendo.* Quant au schéma *De Ecclesia,* il fut distribué aux Pères le 23 novembre 1962 et l'on prit la décision d'en discuter le 26 novembre. La discussion commencera le 1er décembre et s'étalera jusqu'au 7 de ce mois. Elle s'effectuera dans un contexte fort difficile.

L'impasse autour du schéma sur les deux sources de la Révélation avait constitué une dure épreuve pour le concile. À cela s'ajoutaient l'encombrement de toutes les autres affaires conciliaires, l'approche de la fin de la session, la fatigue et l'insécurité qui se faisaient sentir, les appréhensions qui gagnaient le concile concernant l'avenir à assurer. Dans ce climat, il n'est pas difficile de comprendre que les Pères conciliaires n'aient guère eu le temps ou la disponibilité d'esprit pour lire en entier et en s'attachant à toutes les questions le texte de ce long schéma de 123 pages, encore moins pour s'attarder aux particularités du chapitre VII portant sur le magistère de l'Église.

Comme l'on sait, l'assemblée conciliaire dut se contenter d'un débat sur l'ensemble du projet. Il s'agissait d'abord de déterminer si le schéma méritait d'être retenu comme base de la discussion. Par manque de temps, il était évident qu'on n'en pourrait pas faire l'examen chapitre par chapitre. Les quelques interventions qui s'étalent du 1er au 7 décembre manifestent bien le climat assez particulier de cette fin de session. Les évêques ne pouvaient retourner dans leur diocèse qu'avec une mince récolte. Certes, le schéma sur la liturgie était en bonne voie et c'était quand même beaucoup. Le médiocre schéma sur les communications sociales ne constituait pas une bien grande consolation. Le schéma sur la Révélation avait été renvoyé et cela avait été un dur coup pour la minorité conciliaire. Le problème du sort à faire au *De Beata Virgine,* envoyé au cours de l'été, était posé. Quand le cardinal Ottaviani présentera le schéma sur l'Église, il ne parviendra pas à cacher son amertume et son dépit[37]. Ces sentiments étaient d'autant plus compréhensibles que le cardinal n'était pas sans savoir que, concernant le *De Ecclesia,* des schémas de remplacement étaient déjà en circulation, notamment un schéma en provenance des pays de langue germanique.

On est frappé qu'au cours de ces jours remplis d'anxiété les interventions qui retiennent davantage l'attention furent celles de Suenens, de Montini, de Léger, qui abordaient plutôt les problèmes propres à l'intersession qui s'annonçait et à la préparation de l'avenir du concile. On se rappelle le contenu des interventions de ces journées. Quelques Pères se plaignent du manque de temps dont ils disposent. Ainsi le cardinal Léger[38] et surtout Mgr Carli[39]; ce dernier se plaindra avec éloquence et avec raison du peu de temps dont disposaient les Pères pour un texte si long et si important. Les cardinaux Suenens et Montini[40] présenteront un programme pour le reste du concile. Léger, pour sa part, proposera la création d'un organisme pour assurer les travaux de l'intersession. Il avait déjà fait état de ses vues sur ce sujet lors de l'audience qu'il avait eue auprès de Jean XXIII le 20 novembre. À la lecture de ces diverses interventions, on voit bien que d'autres questions que celles qui sont relatives au *De Ecclesia* retiennent les esprits et l'attention des Pères en cette fin de session.

Concernant le *De Ecclesia* lui-même, les interventions prononcées dans l'assemblée conciliaire manifestent qu'on est surtout préoccupé par la place et le sens à donner à la doctrine du Corps mystique, à la collégialité épiscopale, à la formulation du rôle des laïcs dans l'Église, à l'œcuménisme. On s'en tient à une

---

37. Acta synodalia Sacrosancti Concilii Œcumenici Vaticani II, Vol. I, Periodus prima, Pars IV, p. 121-122. (Dans les notes suivantes, les Actes du concile Vatican II seront désignés par AS.)

38. AS I, IV, p. 182-183.

39. AS I, IV, p. 158-161.

40. AS I, IV, p. 291-295.

évaluation générale du schéma; aucune des interventions orales ne touche le Chapitre VII et son contenu.

La session terminée, très peu de Pères font parvenir des interventions écrites. Sur le Chapitre VII, l'intervention écrite de Mgr de Provenchères[41] est la plus longue et la plus intéressante. L'évêque demande qu'on précise les cas où le magistère est infaillible; il demande qu'on revoie l'expression qui parle d'un «charisme indéfectible de vérité»; il veut qu'on tienne mieux compte du point de vue œcuménique; il remarque qu'en matière disciplinaire l'assentiment intérieur à un enseignement magistériel n'est pas toujours requis; il veut qu'on élimine le chapitre VIII portant sur l'obéissance; il préconise un service magistériel humble; il souligne avec force que le rôle des fidèles ne se résume pas à l'obéissance. Comme on le voit, il y a dans cette substantielle intervention un très bel ensemble rassemblant des préoccupations qui s'exprimeront par la suite tout au long du concile.

D'autres Pères du concile font des remarques un peu similaires. Le R.P. Sepinski[42], maître général des franciscains, rappelle que la foi est confiée à toute l'Église; le cardinal König[43] parle du rôle actif des fidèles dans l'élaboration du dogme; le cardinal Frings, Mgr Carli et le R.P. Sepinski demandent que ce chapitre sur le magistère soit rapproché de celui qui traite des évêques, ce qui sera fait dans les schémas à venir; Mgr Van Der Burgt[44] demande qu'on insère mieux le rôle du pape dans le cadre de celui des évêques. Quand on relit tout cela, on se demande comment il se fait qu'on ne retrouve pas ici, du moins dans les interventions écrites acheminées au Secrétariat du concile, toutes les remarques et suggestions qui avaient été faites à la Commission centrale. La réponse est bien simple: les évêques

41. AS I, IV, p. 458-489.
42. AS I, IV, p. 576-579.
43. AS I, IV, p. 132-134.
44. AS I, IV, p. 590-592.

d'Allemagne et d'Autriche, qui avaient été les principaux auteurs de ces remarques et suggestions, demandent une révision globale du *De Ecclesia* et soumettent un plan de rédaction de même qu'un long texte, d'ailleurs soumis au Secrétariat du concile[45]. Ils n'avaient donc pas à faire des remarques pour corriger un schéma qu'ils rejetaient.

Devant tout cela, un certain nombre de conclusions s'imposent. En premier lieu, force est de constater que le chapitre VII du *De Ecclesia* ne fut pas beaucoup étudié par les Pères du concile eux-mêmes. Ils ne s'exprimèrent pas du tout sur ce sujet dans l'aula conciliaire. À l'exception de Mgr de Provenchères et des évêques d'Allemagne et d'Autriche, ils ne s'exprimèrent que très peu également par écrit. Peut-être qu'avec le temps certains fonds d'archives conciliaires nous révéleront des pensées non communiquées de quelques Pères conciliaires. On peut présumer que ce sera peu. Quant à ce chapitre VII qui avait fait l'objet de si importantes critiques lors de la séance de la Commission centrale du 19 juin 1962, le texte en disparaîtra avec le schéma *De Ecclesia* en entier à l'occasion de la grande refonte qui allait commencer en février 1963. C'est alors, dans le cadre de l'élaboration d'un tout nouveau schéma, que le sort du *De magisterio Ecclesiæ* se jouera. Une tout autre histoire commence alors.

L'élaboration d'un texte subtil

Au mois de février 1963, la Commission doctrinale s'attellera à deux grands objectifs: reprendre, en commission mixte avec le Secrétariat pour l'Unité, le schéma si controversé sur la Révélation, élaborer un nouveau schéma sur l'Église. Certes, le schéma *De Ecclesia* préparé par la Commission préconciliaire n'avait pas été formellement refusé à la fin de la première session, mais on sentait bien que quelque chose de neuf devait être élaboré.

45. AS I, IV, p. 601-639.

Concernant ce deuxième objectif, la Commission ne manquait pas de matériaux! En plus de l'ancien schéma, plusieurs autres projets étaient en circulation et se trouvaient plus ou moins placés sur la table de la Commission: un schéma d'origine belge, souvent désigné comme le schéma Philips mais parfois aussi comme le schéma Suenens, un schéma français du moins partiellement élaboré, un schéma chilien, un schéma parfois attribué à Mgr Parente, un schéma allemand[46]. Il fallait choisir. Pour ce faire, la Commission désigna un comité de sept membres, qu'on appellera parfois le Comité des Sept, auquel on adjoignit quelques experts. Assez rapidement ce comité en vint à la conclusion que le schéma Philips, assez court et net, servirait de base à l'élaboration d'un nouveau projet. Les autres schémas pourraient fournir, selon les besoins, certaines contributions complémentaires.

Pour les fins de la présente étude, il est intéressant de voir comment ces divers projets traitaient la question du magistère et tout particulièrement la question de l'accueil à donner à un enseignement non infaillible, question qui avait suscité un si intéressant débat à la Commission centrale. Manifestement, les divers projets de schémas sentent le besoin de traiter autrement la question du magistère. On reporte celle-ci dans les passages consacrés à la structure hiérarchique de l'Église. C'est là qu'on parle de la mission d'enseigner. Cette solution était commode mais ne comportait pas, par elle-même, de signification doctrinale importante.

Pour ce qui est de l'accueil à donner à l'enseignement magistériel non infaillible, surtout pontifical, on est frappé du fait que le schéma belge, aussi bien dans sa version française que dans sa version latine, ne comporte rien. Le schéma chilien,

46. Ces projets de schémas se retrouvent dans diverses archives privées, comme celles du cardinal Léger, celles de Mgr Pierre Lafortune, les miennes propres, et sans doute dans plusieurs autres, avec des variantes d'un cas à l'autre.

pourtant très long, ne comporte rien non plus. Le schéma Parente dont on peut penser qu'il voulait s'inspirer du schéma préconciliaire, rappelle que, devant de tels enseignements, on doit donner un assentiment intérieur et religieux (*interiori ac religioso animi assensu*). Mais il ne fait aucune référence à l'encyclique *Humani generis* et n'en reprend pas non plus le texte, ni en entier ni en partie. Le schéma allemand, de son côté, reprend pratiquement, sur ce point, le texte du schéma préconciliaire, mais sans la formule d'*Humani generis* et sans aucune référence à cette encyclique. Tout cela est évidemment très significatif et nullement le fruit du hasard ou de la distraction.

À la suite de l'examen de ces projets, quiconque veut comprendre quelque chose à la pensée exprimée par le concile sur notre question doit enregistrer un phénomène d'une grande signification. Non seulement le fameux paragraphe de l'encyclique *Humani generis*[47] disparaît-il de tous les projets et sans qu'il y ait concertation, ce qui est déjà remarquable, mais il disparaît même des projets de schémas qui s'inspirent manifestement de la trame même du schéma préconciliaire, y compris de ceux qui le reprennent presque *verbatim*[48]. Manifestement, on se souvenait des échanges de juin 1962 et on en tirait les conclusions. La disparition d'un tel passage, qui avait fait l'objet d'une telle attention et d'un si important débat à la Commission centrale, ne fut donc pas le fruit du hasard. Ce ne sera pas un fruit du hasard non plus si ce texte et toute référence à ce texte ne seront jamais réinstallés dans les schémas successifs qui seront soumis au concile.

C'est dans ce contexte qu'est élaboré le schéma qui paraît le 22 avril 1963. On y trouve la doctrine concernant le magistère

47. Rappelons ce texte fameux: «Quand le Souverain Pontife s'exprime sur une question jusqu'alors controversée, il doit être évident pour tous que, dans l'esprit et la volonté du Pontife, la question ne peut plus désormais être considérée comme laissée à la libre discussion des théologiens.»

48. C'est le cas, notamment, pour le schéma allemand.

au n° 19. La trame de la rédaction est claire: il s'agit de la mission d'enseignement des évêques et c'est dans ce cadre qu'est abordée la mission d'enseignement du Souverain Pontife. Le devoir des fidèles d'accueillir la pensée de leur évêque est affirmé en utilisant l'image, empruntée à saint Ignace, selon laquelle les cordes d'une même cithare doivent être accordées. Cette image disparaîtra par la suite. L'infaillibilité des évêques dispersés est affirmée avec les conditions de son exercice, sans l'importante précision qui sera apportée plus tard cependant. Un paragraphe sur l'*obsequium* est là[49]. Le texte de ce n° 19 du schéma du 22 avril 1963 n'évoluera plus guère. Il deviendra le n° 25 de la rédaction de mars 1964, qui sera pratiquement la dernière, si du moins l'on considère les contenus doctrinaux. On trouvera les demandes d'amendements à ce schéma de mars 1964 dans le rapport de septembre 1964 communiqué aux Pères du concile. Enfin, ce schéma sera discuté dans l'assemblée conciliaire à partir du 21 novembre de la même année et c'est lui qui sera finalement approuvé par le concile.

*

* *

Pour obtenir le contexte complet à l'intérieur duquel on doit lire le document conciliaire sur notre question, il faut encore examiner les demandes de corrections ou d'amendements qui furent faites ainsi que les réponses de la Commission doctrinale.

Nous avons déjà signalé l'existence de demandes de corrections au texte de novembre 1962 en provenance de Mgr de Provenchères[50] et des évêques de langue germanique[51]. Ces

49. *Schema constitutionis dogmaticæ De Ecclesia*, Typis polyglottis vaticanis, 1963, p. 30, l. 22-30. On comprendra plus tard pourquoi il faut renoncer à traduire le mot «*obsequium*».

50. AS I, IV, p. 458-489.

51. AS I, IV, p. 601-639.

demandes ont sans doute contribué, avec toutes les remarques faites à la Commission centrale, à l'élaboration du schéma qui fut finalement soumis aux Pères du concile pour la session de l'automne 1964. Il semble qu'il n'y ait pas de rapport officiel de la Commission doctrinale concernant ce qu'on a fait de ces demandes[52] et il est fort difficile d'évaluer avec précision l'impact de celles-ci sur le texte du schéma d'avril 1963, qui sera largement nouveau. Tout au plus pourrait-on faire des conjectures, ce qui ne serait pas vraiment utile à notre propos. Il est intéressant cependant d'ajouter ces remarques à celles qui avaient été entendues à la séance de juin 1962 de la Commission centrale. Elles les complètent et les confirment. C'est particulièrement vrai pour les remarques de Mgr de Provenchères dont nous avons fait état plus haut.

Techniquement, le long schéma proposé par les évêques de langue germanique fut reçu par le Secrétariat du concile comme des remarques ou suggestions d'amendements au schéma préparatoire présenté en novembre 1962. Il n'est pas nécessaire de revenir ici sur ce long projet, car nous en avons déjà signalé, pour la question qui nous intéresse, la principale caractéristique. Celle-ci consistait à reprendre le texte préparé par la Commission préparatoire du concile, mais en l'expurgeant totalement de sa dépendance à l'égard d'*Humani generis.* Chose absolument certaine, ce texte était bien connu de tous les membres de la Commission doctrinale.

En 1963, quelques demandes d'amendements intéressant le point dont nous nous occupons dans cet ouvrage furent communiquées à la Commission doctrinale en rapport avec le projet du 22 avril 1963. Il est nécessaire de rappeler ici leurs contenus, car

52. Cette omission est tout à fait compréhensible. Comme nous l'avons vu, en février 1963, on se trouvait devant une situation toute nouvelle. Il s'agissait d'élaborer un nouveau schéma sur l'Église en tenant compte des quelques projets qui étaient sur la table. Il n'était pas question de s'en tenir au projet qui avait été présenté aux Pères à la fin de novembre 1962 et donc de s'attarder à des corrections à lui apporter.

nous sommes désormais devant des demandes d'amendements qui concernent le schéma qui sera progressivement modifié puis finalement approuvé par le concile.

Mgr Cleary[53] propose une rédaction un peu modifiée. La traduire, c'est probablement déjà un peu l'interpréter. Je m'y essaye, toutefois. Mgr Cleary demande qu'on affirme la nécessité de donner son *obsequium religiosum* comme les règles de la prudence l'exigent. Mais il demande également qu'on ne néglige pas de dire aussi que rien n'empêche que des experts, avec la modération et la prudence requises et après avoir bien examiné tous les arguments présentés jusqu'alors, poursuivent la recherche davantage, pourvu qu'ils restent prêts à s'en remettre au jugement de l'Église. Comme dans les deux cas qui vont suivre, l'existence de cette demande d'amendement fut portée à la connaissance des Pères du concile dans le rapport, non daté, de 1963. Comme dans ces deux autres cas également, il nous a été impossible de repérer la réponse précise, si elle existe, de la Commission doctrinale. Une chose est certaine toutefois, c'est que cet amendement ne fut pas reçu par la Commission puisque le texte n'a pas été transformé de la manière demandée. Ce qui ne veut pas dire que la Commission n'était pas d'accord, puisqu'elle signifiera un tel accord dans son rapport concernant les *modi* de l'automne 1964[54] dont il sera question plus loin.

Mgr Przyklenk[55] propose une modification de pure forme: il s'agirait de remplacer «qu'il adhère sincèrement» par les mot

53. *Emendationes a Concilii Patribus scripto exhibitæ super schemata Constitutionis dogmaticæ De Ecclesia*, Pars I, p. 43, n. 348, Typis polyglottis vaticanis, 1963. «Romani Pontificis authentico magisterio, etiam cum non ex cathedra loquitur, religiosum obsequium juxta regulas prudentiæ præstandum est; sed nihil impedit quominus periti omni qua par est moderatione et temperantia, argumentis hinc inde accurate perpensis, rem plenius investigent, dummodo sincere profiteantur se paratos esse stare judicio Ecclesiæ.»

54. *Modi a patribus conciliaribus propositi a Commissione doctrinali examinati*, III, Caput III: De constitutione hierarchica Ecclesiæ et in specie de episcopatu, p. 42, n. 159.

55. *Ibid.*, p. 43, n. 349.

«qu'il donne une adhésion sincère». Il n'y avait pas là, certes, de quoi fouetter un chat, du moins d'un point de vue doctrinal.

Cinq Pères (De La Chanonie, M. Lefebvre, Grimault, Morilleau, Prou)[56] feront une demande d'une tout autre portée. Ils affirmeront que lorsque le Magistère authentique propose une doctrine comme divinement révélée, même si ce n'est pas par une déclaration infaillible, un véritable assentiment de foi est exigé de tous, au moins dans deux cas. Le premier cas: lorsque cette doctrine rappelle quelque chose qui, par ailleurs, appartient déjà à la foi catholique. Le deuxième cas: chaque fois qu'une doctrine certaine est proposée par le magistère d'une façon continue et de la même manière. Ces cinq Pères renvoient sur ce point au rapport fait par Mgr Gasser au concile Vatican I (cf. Mansi 52, 1217 A). À la suite de quoi, ils rappellent le texte bien connu de l'encyclique *Humani generis*.

À la lecture du texte qui a été finalement promulgué, il est facile de constater que la Commission doctrinale n'a pas modifié le texte qu'elle avait préparé. Il faut cependant regretter qu'on ne trouve aucune explication officielle des raisons qui, à ce moment, l'ont amenée à garder le texte dans sa teneur déjà acquise. Pour la demande de Mgr Przyklenk, il va de soi qu'aucune explication n'était nécessaire, puisqu'il ne s'agissait que d'une question de latin. Pour la demande de Mgr Cleary, on doit présumer que la Commission a cru pouvoir la traiter comme d'autres amendements qui viendront en 1964, en renvoyant aux auteurs faisant autorité. Reste la dernière demande. De toutes, elle était celle qui aurait dû retenir l'attention de la Commission doctrinale. Elle réclamait en effet, notamment dans le deuxième cas envisagé, qu'on exige de tous un assentiment de foi chaque fois qu'une *doctrine certaine* est enseignée par le magistère pontifical, d'une façon continue et de la même manière, comme une doctrine divinement révélée.

56. *Ibid.*, p. 43, n. 350.

Il aurait été fort intéressant et certainement utile que la Commission doctrinale dise pourquoi elle ne voulait pas faire place à cette demande d'amendement, car celle-ci reprenait une conception qui avait suscité beaucoup de résistances à la Commission centrale et qui deviendra très actuelle, voire brûlante, dans les débats de l'après-Concile. Qu'il suffise d'essayer de dire ici quelques difficultés que cette demande d'amendement pouvait à l'évidence susciter.

Une première difficulté concerne le fait de demander un assentiment de foi chaque fois qu'une *doctrine certaine* est proposée d'une manière continue et identique par le magistère. Sans nier l'importance du principe de la continuité, il faut reconnaître qu'il est difficile d'en faire un principe suffisant pour réclamer un assentiment de foi à toute doctrine présentée comme certaine ou considérée comme telle. Il est impossible de trouver une telle vue des choses dans le rapport Gasser, auquel les cinq Pères renvoyaient. Le lecteur est surtout étonné de constater qu'on ait voulu utiliser l'encyclique *Humani generis* dans le contexte décrit. Manifestement, *Humani generis* disait autre chose à tous égards. On n'y parlait pas de «doctrines certaines enseignées avec continuité», mais d'un enseignement du Souverain Pontife voulant clore un débat, tout simplement. On n'y parlait pas non plus d'un «assentiment *de foi*» qui serait exigé dans les circonstances décrites.

La seconde difficulté concerne l'idée même d'un renvoi à l'enseignement d'*Humani generis,* fût-il correctement compris. L'important débat de la Commission centrale avait manifesté les résistances que suscitaient l'insertion de ce texte dans les actes conciliaires et même une simple référence à celui-ci. Il n'est pas étonnant que la Commission doctrinale n'ait pas accepté l'inclusion de ce texte ou même une simple référence à celui-ci, inclusion et référence qui n'étaient d'ailleurs pas clairement et correctement formulées.

*

* *

Dans le cas du schéma de 1964, les demandes d'amendements intéressant notre question sont au nombre de trois. La Commission doctrinale en a fait état à l'Assemblée conciliaire avec les réponses qu'elle y apportait.

1. Trois Pères[57], rapporte la Commission, évoquent le cas particulier, au moins théoriquement possible, d'un savant qui, pour des raisons fondées, ne pourrait donner son consentement *interne* à une doctrine qui n'est pas proposée d'une façon infaillible. La Commission signale également qu'un Père propose sur ce point une longue addition. À cette demande, la Commission répond que, concernant ce cas, on doit consulter les exposés théologiques qui font autorité.

2. Trois autres Pères[58] proposent également qu'à la demande qu'on donne un assentiment sincère, on ajoute les mots: «bien que non absolu et irréformable». Ils voulaient que, de cette manière, on distingue clairement entre l'assentiment à donner

57. *Modi a Patribus conciliaribus propositi a Commissione doctrinali examinati*, p. 42, n. 159. «Tres Patres invocant casum particularem, saltem theoritice possibilem, in quo eruditus quidam, coram doctrina non infallibiliter proposita, ob fundatas rationes *interne* assentire non potest. Unus Pater longam additionem de hac quæstione proponit. R. - De hoc casu consulti debent probatæ expositiones theologicæ.»

58. *Ibid.*, p. 42, n. 160. «Proponunt tres Patres ut scribatur: "[...] et sententiis ab eo prolatæ sincere, *quamvis non assensu absoluto et irreformabili*, adhærere", quia clare distingui debet assensus præstandus magisterio infallibili ab assensu magisterio authentico sed non infallibili præstando; de cetero remittit ille Pater ad observationem R.P. Hürth in eodem sensu (anno 1952). R. - Magisterium ordinarium sæpe proponit doctrinas quæ ad ipsam fidem catholicam jam pertinent. Ergo additio proposita rursus complenda esset. Ideo melius remittitur ad probatos auctores.»

au magistère infaillible et l'assentiment à donner à un enseignement non infaillible. La Commission ajoute que l'un des Pères renvoie à une observation faite en ce sens par le R.P. Hürth en 1952. À cette demande, la Commission répond que le magistère ordinaire propose souvent des doctrines qui appartiennent déjà à la foi catholique. Si donc l'on faisait l'addition demandée, elle serait elle-même à compléter pour tenir compte de ce fait. Il est donc préférable de renvoyer aux auteurs faisant autorité (*auctores probati*).

3. Enfin, un Père[59] demande qu'après ce texte on ajoute quelque chose sur la liberté qui doit être laissée à des recherches ultérieures et au progrès de la doctrine. Devant cette demande, la Commission se contentera de noter que l'observation faite est vraie, mais qu'il n'est pas nécessaire de l'insérer ici.

Plusieurs auteurs[60] se sont intéressés à ces trois demandes d'amendements et aux réponses données par la Commission doctrinale. Avec raison, parce que ces demandes d'amendements concernaient le texte lui-même qui fut approuvé et parce que les réponses de la Commission doctrinale contribuent à faire saisir le sens que celle-ci voulait donner au texte qu'elle présentait à l'approbation du concile. Je me permettrai d'ajouter moi-même dès à présent quelques observations sur ces demandes et sur les réponses de la Commission.

59. *Ibid.*, p. 42, n. 161. «Proponit unus Pater ut post verba: "ex dicendi ratione" addatur quædam de *libertate relinquenda* pro investigatione ulteriori et progressu doctrinæ. R. - Observatio vera est, sed non necessaria hic inducenda.»

60. Par exemple: Joseph A. Komonchak, «Ordinary Papal Magisterium and Religious Assent», dans Charles E. Curran et Richard A. McCormick (éd.), *The Magisterium and Morality, Readings in Moral Theology*, n. 3, Paulist Press, 1982, p. 67-91; Francis A. Sullivan, *Magisterium. The Teaching Authority in the Catholic Church*, Paulist Press, 1983, p. 153-173.

Quand on considère aujourd'hui la première demande, elle nous apparaît bien timide. Elle parle d'un «cas théoriquement possible». Elle parle d'un dissentiment interne. Manifestement, tout cela porte la marque du temps. D'un côté, le «cas théoriquement possible» est aujourd'hui largement répandu! Par ailleurs, ce qui fait surtout problème aujourd'hui, c'est le dissentiment public. Pour ce qui est de la réponse de la Commission, n'est-on pas justifié de penser qu'elle était une solution de facilité? Afin de ne pas entrer dans des cas particuliers, la Commission renvoie aux auteurs faisant autorité. Fort bien! mais le texte n'en est pas corrigé ou clarifié pour autant, s'il devait l'être. Quel lecteur se souviendra de la réponse donnée par la Commission doctrinale? Quel lecteur aura le courage d'examiner les vues des auteurs faisant autorité à l'époque du concile? Par ailleurs, la pensée des auteurs faisant autorité était-elle présente aux Pères du concile au moment où ils approuvaient ce texte? Et qui sont les auteurs faisant autorité? Ceux de l'époque conciliaire, ceux du passé, ceux du présent, ceux de l'avenir? Disent-ils tous la même chose? Sont-ils tous sages? On voit bien que la réponse de la Commission doctrinale du concile évitait d'envisager la question d'une façon approfondie.

La deuxième demande d'amendement rappelée plus haut est un écho d'une préoccupation formulée à plusieurs reprises à la Commission doctrinale. L'intention de cette demande d'amendement est claire: on veut distinguer soigneusement l'assentiment exigé pour un enseignement infaillible de celui qu'on réclame pour un enseignement non infaillible. Dans le premier cas, l'assentiment est réclamé d'une manière absolue, mais non pas dans le second. Petit détail: manifestement, les mots «non irréformable» pour qualifier l'assentiment requis étaient mal choisis. Certes, un enseignement infaillible est irréformable et un enseignement non infaillible ne l'est pas, mais ces mots «non irréformable» conviennent moins bien pour qualifier un assentiment. Dans ce dernier cas, il convient de parler plutôt d'une obligation «non absolue» de donner son assentiment.

La réponse à cette deuxième demande est nette. La Commission doctrinale ne met pas en cause la validité du souci exprimé et c'est sans doute ce qu'il faut surtout retenir. En effet, la Commission note qu'elle a fait effort pour en tenir compte dans le texte, mais qu'elle a dû constater que celui-ci se prêtait mal aux insertions souhaitées: il faudrait trop de développements et trop de distinctions. Mieux vaut donc s'en remettre aux auteurs faisant autorité. Fort bien, encore une fois! mais si la pensée et l'intention de la Commission doctrinale sont clairement exprimées dans la réponse qu'elle a donnée à cette demande d'amendement, le texte du n° 25 de la Constitution dogmatique *Lumen gentium* pourra prêter à confusion pour les innombrables lecteurs des documents conciliaires — la presque totalité d'entre eux, à vrai dire — qui n'auront pas accès à la réponse donnée. Clarté cachée: c'est bien le cas de le dire. Et le renvoi aux auteurs, bien sûr, ne simplifie rien.

Malgré les apparences, la troisième demande d'amendement allait plus loin. Elle signalait un point que les autres demandes avaient négligé, à savoir qu'à la lecture du texte la liberté de recherche et donc aussi le progrès de la doctrine et de la pensée n'étaient pas suffisamment protégés. Par ce biais également le problème de l'expression publique du dissentiment était soulevé. Manifestement, le Père qui soumettait cet amendement souhaitait que cette liberté soit plus clairement affirmée dans le document conciliaire.

Cette fois également, la Commission se contente d'une réponse un peu paresseuse: cette observation est vraie, souligne-t-elle, mais il n'est pas nécessaire de l'inclure ici. Arrêtons-nous un peu à cette réponse pour la décrypter. En premier lieu, on est forcé de noter, comme dans les cas précédents, le caractère positif de la réponse de la Commission. Celle-ci reconnaît que la remarque est vraie: même lorsque c'est le Souverain Pontife qui s'est prononcé il faut laisser place à la liberté de recherche et à un éventuel progrès doctrinal, s'il s'est prononcé d'une manière non infaillible. En second lieu, nous sommes obligés d'interpréter les mots: «une telle addition n'est pas nécessaire ici». Une manière simple de le faire serait de dire: une telle addition n'est pas nécessaire parce que le texte est déjà clair sur ce point. Une autre interprétation serait de dire: une telle addition n'est pas nécessaire ici, parce qu'elle appartiendrait à une autre sorte d'exposé. De cette manière on rejoindrait la solution qui consistait à renvoyer aux auteurs. Peut-être enfin pourrait-on combiner les deux interprétations: les choses sont déjà claires à cet égard et ceux qui voudront un exposé plus complet pourront sans doute consulter les auteurs faisant autorité.

Un sens clair mais caché

Au terme de l'enquête que nous venons de faire, il est possible d'établir ce qui émerge clairement de la démarche conciliaire s'exprimant finalement dans le n° 25 de *Lumen gentium.*

Un certain nombre de choses parfaitement claires sont relatives au fameux passage de l'encyclique *Humani generis* qui faisait partie du schéma *De Ecclesia* présenté aux Pères du concile à la fin de novembre 1962. Non seulement ce passage est-il disparu, mais est même disparue toute référence à celui-ci. Cela n'est pas le fruit du hasard ou de la distraction. Nous savons maintenant que d'importantes difficultés avaient été soulevées à son sujet à la Commission centrale. Nous savons qu'aucun des projets de schémas que pouvait examiner la Commission doctrinale du concile en février 1963 ne l'incluait, même pas les schémas qui collaient de très près à la rédaction du schéma présenté aux évêques du concile en novembre 1962. Nous savons que la Commission doctrinale du concile n'a pas accueilli le *votum* de cinq Pères qui demandaient qu'il soit réinstallé.

Devant tout cela, on est forcé de conclure que la pensée exprimée dans le passage de l'encyclique *Humani generis* a été dépassée et corrigée par le concile. Grâce sans doute à la critique bien ciblée et bien documentée des cardinaux qui avaient abordé ce sujet à la Commission centrale, elle a fait l'objet d'un *aggiornamento.* Celui-ci s'est exprimé par sa disparition.

Il n'est pas nécessaire d'insister pour dire qu'on doit se souvenir de ce dépassement et de cet *aggiornamento* chaque fois qu'on lit le n° 25 de *Lumen gentium.* Peut-être est-il utile cependant d'insister pour qu'on aille à la source de ce dépassement et de cet *aggiornamento* en s'intéressant aux critiques qui en sont l'explication. Ces critiques sont des critiques épiscopales faites dans le cadre de la préparation d'un grand concile. Elles proviennent même de cardinaux qui deviendront parmi les plus influents et les plus respectés du concile. C'est là un aspect non négligeable. Placés devant ces critiques, nous assistons au spectacle d'un magistère qui se corrige lui-même, en quelque sorte; bien plus, nous sommes devant un magistère épiscopal qui corrige un enseignement pontifical, au demeurant relativement récent.

C'est trop peu de dire que ces critiques sont pertinentes. Elles sont ce qui s'est écrit de plus lumineux sur le sujet qu'elles abordent. Depuis le concile Vatican I, on n'avait jamais si bien abordé le problème de la liberté de la pensée et de l'expression de la pensée sur les questions que le magistère de l'Église ne peut trancher en engageant l'infaillibilité de l'Église.

Le sens de ces critiques a été exprimé d'une manière limpide par le cardinal König. Il s'agissait de bien distinguer les enseignements irréformables des enseignements qui sont réformables et qui même, parfois, doivent être réformés. Sans le dire, les cardinaux König et Frings devaient penser que l'enseignement de Pie XII tel qu'on le retrouve au paragraphe si souvent cité de l'encyclique *Humani generis* était justement un enseignement de cette dernière sorte et ils devaient penser que le concile pourrait être l'occasion de le corriger.

Quand on lit avec attention les remarques qui furent faites à la Commission centrale du concile Vatican II, on se rend compte qu'elles visaient à ce qu'on évite d'imposer à l'intelligence des croyants des limites qu'on ne saurait imposer. Il s'agissait d'assurer que soit respectée la juste liberté dans la foi, sans pour autant que le magistère cesse de guider les intelligences, même en regard des questions qu'il ne pourrait trancher d'une façon «définitive». Il s'agissait aussi d'assurer que soit permise la juste liberté d'expression des théologiens, tant qu'une question ne pourrait être tranchée en engageant l'infaillibilité de l'Église et tant qu'elle ne le serait pas. Liberté de la pensée et liberté d'expression de la pensée dans ces cas, telles étaient les deux visées. Si l'on veut dire les choses en d'autres mots: l'on voulait que ne soit pas imposée comme absolue une simple déclaration pontificale ne pouvant engager l'infaillibilité de l'Église ou ne l'engageant pas de fait. Quiconque est bien au fait des délibérations et des décisions de Vatican I ne peut manquer de percevoir la continuité qui existe entre la pensée et les préoccupations de ce concile et celles qui se sont exprimées à Vatican II à l'occasion des travaux de la Commission centrale.

On ne peut donc pas lire le n° 25 de *Lumen gentium* comme si la position exprimée par Pie XII dans l'encyclique *Humani generis* n'avait pas été sévèrement critiquée à l'occasion du concile et n'avait pas été délibérément évitée par lui. Il serait bien difficile de comprendre cette distance prise à l'égard de cette encyclique comme ne signifiant pas une acceptation de la légitimité du dissentiment et même, éventuellement, de l'expression publique de celui-ci. Pour s'en convaincre, il suffit de retourner au procès-verbal de la réunion du 19 juin 1962 de la Commission centrale. On constatera que c'est toujours de cela qu'il s'agit. Concernant cette question du dissentiment, il y a plus encore. Vatican II s'est exprimé d'une seconde manière. Nous l'avons vu, la question de la légitimité du dissentiment a été posée à l'occasion de demandes d'amendements. Par ses réponses, la Commission doctrinale du concile montre clairement que le texte soumis aux Pères pour approbation était rédigé de manière à sauvegarder cette légitimité.

Par les questions posées et par les réponses apportées, il est évident pour le lecteur d'aujourd'hui que la Commission doctrinale considérait alors ces dissentiments comme devant être des cas exceptionnels. On semblait estimer que de telles situations ne sauraient se présenter que pour des savants, et rarement. Cette vue des choses, marquée à juste titre par la prudence, rejoignait la proposition du cardinal Frings. Ce dernier, on s'en souvient, estimait qu'il fallait une «raison grave» pour légitimer un dissentiment.

Cette réserve ne peut nous empêcher de conclure que, lorsqu'on a tous ces éléments en tête, le n° 25 de *Lumen gentium* est parfaitement clair. Il l'est d'autant plus que, selon Mgr Gérard Philips, la logique interne de la rédaction conduit, elle aussi, aux mêmes conclusions. Mgr Philips faisait fonction de secrétaire de la Commission doctrinale du concile au moment de la rédaction du n° 25 de *Lumen gentium.* Voici ce qu'il écrivait en 1967:

> Les principes, en la matière, sont clairs et simples: l'obligation de se soumettre se mesure exactement d'après le degré de l'exercice du magistère. Si ce dernier proclame un jugement absolu et définitif, aucune hésitation n'est plus permise. S'il se limite au contraire à une déclaration authentique sans aller jusqu'à la «définition», ou s'il se contente d'un conseil de prudence, nous serons tenus, en observant les proportions, à l'assentiment, à la docilité ou à l'attention bienveillante.
>
> Mais dira-t-on où trouver *les critères* permettant d'établir quel degré d'autorité le pape veut attribuer à un document donné? Son intention sera manifestée avec une clarté suffisante, soit par le texte lui-même, soit par les circonstances qui l'entourent et l'expliquent. Même le style du document peut fournir des indications. Cela nous amène à la conclusion qu'en ce domaine aussi le genre littéraire n'est pas sans importance. Une recommandation faite en passant ou une pieuse exhortation adressée à un groupe de pèlerins n'a pas la même portée qu'une déclaration formelle, surtout si cette dernière est faite et répétée avec insistance. *L'assentiment requis n'est ni irrévocable ni absolu; si le pape voulait obtenir*

une soumission de ce genre, il aurait recours à une définition proprement dite[61]. (Les italiques sont de nous.)

Il y a donc beaucoup de choses qui sont parfaitement claires dans ce texte conciliaire et ces choses parfaitement claires constituent un *aggiornamento* fort important.

*

* *

Si tout cela est parfaitement clair, d'où vient que tant de lecteurs du nº 25 de *Lumen gentium* ne le découvrent pas? C'est que tout est caché. Tout, absolument tout.

Tout est caché: le fait que l'enseignement de l'encyclique *Humani generis* a été abandonné; les raisons pour lesquelles on avait critiqué cet enseignement à la Commission centrale; les excellentes suggestions faites alors pour élaborer une formule plus acceptable; le rappel que cette position de Pie XII avait en quelque sorte été corrigée à l'avance par une précision venant du Saint-Office; la non-acceptation par la Commission doctrinale du concile d'un *votum* réclamant que l'enseignement de la célèbre encyclique soit réinstallé. *Tout* est caché, c'est-à-dire jusqu'aux réponses de la Commission doctrinale rassurant ceux qui, devant le texte que le concile s'apprêtait à voter, exprimaient dans des *vota* leur crainte que la liberté de pensée et la liberté d'expression ne soient pas assez respectées. *Tout,* c'est-à-dire jusqu'à la logique interne du texte approuvé par le concile, puisque celle-ci, bien qu'elle existe, n'est parfaitement limpide et facilement accessible que sur fond de ce qui fut délibérément omis et des réponses de la Commission doctrinale aux *vota* que nous venons d'évoquer. *Tout,* c'est-à-dire l'élément de Vatican II le plus libérateur pour la pensée et l'expression de la pensée

61. Mgr Gérard Philips, *L'Église et son mystère au deuxième concile du Vatican. Histoire, texte et commentaire de la Constitution* Lumen gentium, Tome I, Desclée, 1967, p. 322-323.

dans l'Église, l'*aggiornamento* réalisé en ce concile qui est la condition de possibilité de tout *aggiornamento* à venir.

Tout est *caché*: qu'est-ce à dire? Non pas qu'on aurait voulu cacher ou qu'on aurait cherché à cacher. Non pas que tout soit disparu ou ait été perdu, puisque tout ce par quoi on peut démontrer ce qui est clair est toujours là, à jamais inscrit dans l'histoire des actes conciliaires. Non pas vraiment oublié, même, puisque tellement de personnes n'ont jamais su et ne pouvaient donc «oublier».

Disons: *caché* parce qu'inaccessible. Pas totalement certes, comme la présente étude le montre suffisamment, mais largement inaccessible. C'est bien ce qui se passe quand une pensée est insuffisamment inscrite dans le texte conciliaire lui-même, quand tant et tant de personnes ne peuvent recourir aux documents témoins de cette grande mutation conciliaire, quand tant de personnes qui le pourraient ne se préoccupent pas de le faire et se contentent de lire le texte proclamé sans tenir compte de ce qui l'a préparé et des documents autorisés qui servent à l'interpréter. Inaccessible donc pour presque tout le monde, qu'il s'agisse des évêques, des théologiens, des pasteurs, des fidèles; y compris pour presque tous ceux qui désirent pourtant être fidèles à Vatican II. Inaccessible, comme peut l'être un trésor dont on a perdu la trace. Disons donc: *caché*, parce que pas assez connu, presque pas connu; pas assez révélé et mis en lumière. Pas assez établi dans la clarté qui est pourtant sienne et qui devrait appartenir à toute l'Église.

En dernière analyse, comment évaluer le n° 25 de *Lumen gentium* en regard de la question du dissentiment? D'aucuns ont estimé que ce passage de Vatican II n'exprimerait pas de manière adéquate la question du dissentiment et de l'accueil à faire aux enseignements non infaillibles du magistère[62]. Peut-être

62. Voir Richard A. McCormick, *The Critical Calling. Reflections on Moral Dilemmas Since Vatican II*, Georgetown University Press, 1989, p. 40-41. L'auteur y évoque le cas de Karl Rahner, d'Avery Dulles, de Francis Sullivan, le mien et sans doute le sien.

faudrait-il voir les choses un peu autrement. Disons plutôt que ce texte est un texte dangereux, puisqu'il pourra prêter à confusion si on se contente de le lire comme un texte tombé du ciel et qui se suffit à lui-même. Mais ce texte sera parfaitement clair si on le lit comme il doit l'être, en s'assurant de bien établir ses vraies intentions, en tenant compte de sa genèse et des commentaires autorisés de la Commission doctrinale du concile qui livrent son sens.

Aggiornamento très clair de la pensée de l'Église sur une question capitale, tel est le n° 25 de *Lumen gentium. Aggiornamento* dangereusement trop peu inscrit dans la pure lettre qui voudrait en rendre compte, tel est aussi ce texte. Comme pour tant d'autres cas de ce genre, tout est en place pour toutes les incompréhensions.

3

Réflexions par mode de bilan

Le lecteur ne nous pardonnerait pas de reprendre ici tout ce que pouvaient contenir les bilans qu'il a faits avec nous au terme de chacun des chapitres précédents. Il s'agit plutôt maintenant de porter un jugement d'ensemble sur les apports du concile à la redoutable question que nous posons dans cet ouvrage, au moment où va se clore bientôt le XXe siècle et où va s'ouvrir un troisième millénaire de l'ère chrétienne qui promet beaucoup de défis à relever pour l'intelligence croyante et pour l'Église.

Concernant le problème de la liberté de la pensée dans la foi et dans l'Église, le concile héritait d'une situation fort dangereuse. Deux tendances étaient à l'œuvre. La première consistait à voir des dogmes partout et à les multiplier à l'excès, ce qui était évidemment une manière de lier à l'excès également les intelligences croyantes. Cette tendance s'était instaurée progressivement surtout au cours des décennies qui suivirent le premier concile du Vatican. C'était là un phénomène paradoxal car ce concile avait manifesté, au contraire, une extrême réserve en cette matière; au point qu'on peut dire qu'il se trouvait trahi par la tendance que nos venons d'évoquer. La seconde tendance consistait à décrire l'accueil à faire aux enseignements non infaillibles, surtout s'ils émanaient de Rome, d'une manière qui conduisait à les traiter, en pratique, comme des dogmes. L'enseignement de Pie XII dans l'encyclique *Humani generis* devint, au début du concile Vatican II, une illustration et une incarnation de cette tendance. Les deux tendances que nous venons d'évoquer constituaient deux grands dangers pour la liberté de la pensée dans la foi. C'est l'une des réussites étonnantes de Vatican II que d'avoir invité l'Église à sortir de la situation dangereuse que ces deux tendances avaient progressivement instaurée.

On a parlé avec raison de Vatican II comme d'un concile qui a permis à une Église trop enfermée dans ses certitudes d'ouvrir ses fenêtres afin de faire pénétrer un peu d'air frais. On a toujours pensé, en utilisant cette image, à la circulation plus libre de la pensée. Bien sûr, chacun a pu constater qu'à l'occasion du dernier concile des vues et des opinions qui n'avaient pas été tolérées auparavant se sont mises à circuler. Plusieurs de celles-ci furent même entérinées par le concile lui-même[63]. On n'en finit plus de constater les nouvelles pensées et les nouveaux accents que le concile Vatican II a introduits dans l'Église sur un grand nombre de sujets qui préoccupent les pasteurs et les croyants et qui concernent étroitement la vie de l'Église. De la même manière, à l'occasion du concile, des théologiens qui avaient été entourés de suspicion retrouvèrent leur liberté et devinrent même, dans certains cas, les grands artisans du renouveau théologique et pastoral qui allait en émaner. On a souvent évoqué le fait qu'à l'occasion du concile, une théologie en avait remplacé une autre[64].

---

63. J. Robert Dionne a donné une excellente démonstration de cela pour quelques problèmes clés dans *The Papacy and the Church. A Study of Praxis and Reception in Ecumenical Perspective*, Philosophical Library, N.Y., 1987, 524 p.

64. Voir, par exemple, Y. Congar, *Situation et tâches présentes de la théologie*, «Cogitatio fidei», Cerf, 1967, p. 41-57.

Tout cela est vrai. Il y a plus cependant. Par deux réformes qui échappent trop souvent à l'observateur ou même au lecteur attentif des documents conciliaires, le concile Vatican II a réalisé un *aggiornamento* de portée plus fondamentale et plus large en ce qui concerne la liberté de la pensée dans la foi et dans l'Église. Il a permis, encouragé, légitimé une autre façon, plus aérée, de penser dans la foi et une autre façon de concevoir ce que pourrait être la circulation de la pensée dans l'Église. Ces deux réformes furent peut-être parmi les plus significatives du dernier concile, en ce sens du moins qu'elles deviendraient, si on les respectait, la condition grâce à laquelle toutes les réformes à venir pourraient s'effectuer plus rapidement, plus facilement et avec moins de tiraillements, aussi bien pour les fidèles que pour les responsables du magistère; pour toute l'Église.

Malheureusement, si dans les deux cas la visée et l'intention du concile furent des plus évidentes, les circonstances particulières dans lesquelles ces réformes se sont inscrites font que leur mise en œuvre pourrait être menacée. Dans les deux cas, l'évidence de ce qui s'est passé et de ce qui a été voulu saute aux yeux, mais dans les deux cas aussi on risque fort d'avoir des yeux pour ne point voir.

La première réforme a été opérée à l'occasion de l'examen d'un projet de profession de foi présenté à la Commission centrale. On ne dira jamais assez à quel point ce qui s'est passé alors était d'une importance capitale. Pour s'en convaincre, il suffit de voir tout ce qu'on était prêt à inscrire dans la Profession de foi qu'on projetait de réclamer aux Pères du concile. Il n'est pas exagéré de dire qu'on semblait prêt à y introduire, plus ou moins pêle-mêle, tout ce qu'on avait sous la main ou dans l'esprit, tout ce qu'on voulait enseigner avec quelque vigueur ou même simplement avec quelque ferveur. Dans une démarche aussi solennelle et engageante qu'une profession de foi, on accumulait des enseignements de tradition récente et insuffisamment débattue dans l'Église; des pensées peut-être très inspirées par la piété, mais peu par la réflexion; des formules contestables et même contestées, d'autres insuffisamment réfléchies ou informées, d'autres déjà dépassées, comme le montrera le concile lui-même; des points de doctrine qui ne pouvaient se réclamer d'une autorité permettant de parler d'une façon «définitive» au nom de la foi. Il y avait là, certes, un esprit et une mentalité qui contredisaient ce que peut et doit être une profession de foi, mais il y avait davantage. Ce qu'il faut dire surtout, c'est qu'il y avait là une manière de voir les choses qui était une véritable violation de la juste liberté des intelligences.

Devant tout cela une véritable transformation des esprits fut réclamée concernant ce qui peut entrer dans une profession de foi. Une conception qui accumulait les dogmes avec une facilité outrageante était invitée à céder la place à une autre qui sera faite d'une extrême réserve. La liste des invitations à la réserve qu'on entendit à la Commission centrale est fort impressionnante. Nous avons rappelé ces réserves dans le premier chapitre de cet ouvrage. Elles étaient une manière de souligner que la juste liberté de l'intelligence croyante doit être protégée lorsqu'on établit les choses à croire. Bien sûr, la liberté de la pensée de l'Église elle-même était, elle aussi, concernée. Une Église ne pourrait-elle pas s'enfermer dans des certitudes prématurées et, par là-même, illégitimes?

À distance, on ne peut s'empêcher d'établir un lien entre la réserve qui s'exprima à Vatican II et celle dont avaient fait preuve les Pères de Vatican I lorsque ce concile a été amené à dire les limites de l'infaillibilité de l'Église et du pape, qu'il s'apprêtait alors à affirmer. Les deux conciles se rejoignaient dans leur commun désir de ne pas multiplier inconsidérément et inutilement les dogmes; disons même: de ne pas les multiplier dangereusement. Ce qui s'est passé à Vatican II le 9 novembre 1961 était un rejet d'une tendance qui était une maladie. Ce rejet fut clair et explicite. Malheureusement, la nature des choses et de l'événement fait qu'il est, pour trop de croyants et de pasteurs, un *aggiornamento* qui reste caché.

La seconde réforme concernait l'autre face du problème, celui de l'accueil à faire à l'enseignement magistériel non irréformable. Cette autre face du problème relève, elle aussi, de l'exercice de la prudence magistérielle; prudence qui doit s'exercer, non pas cette fois au moment où le magistère de l'Église voudrait s'engager dans un enseignement déterminant pour toujours quelque aspect de la foi chrétienne, mais dans l'exercice plus ordinaire d'enseignements qu'il lui faut accepter de donner malgré leur relative précarité et tout en reconnaissant leur éventuelle vulnérabilité.

Cette autre face du problème existe depuis que le magistère de l'Église est obligé de s'exprimer sur des questions qu'il ne saurait maîtriser avec une certitude absolue. C'est dire qu'il existe depuis toujours et qu'il existera toujours, car il y a toujours eu et il y aura toujours de telles questions. Déjà en traitait la Lettre de Pie IX aux évêques allemands *Tuas libenter* datée du 21 décembre 1863, intervention qui reprenait d'ailleurs la pensée exposée dans l'encyclique *Murari Vos* de Grégoire XVI[65].

L'étonnant est que cette seconde réforme de la pensée opérée à Vatican II s'appliquait à un enseignement pontifical récent, celui que Pie XII avait donné dans son encyclique *Humani generis.* Comme le notera le cardinal König, cet enseignement ne respectait pas bien la différence entre l'assentiment absolu et inconditionnel qu'il faut donner aux enseignements irréformables et l'accueil qu'il faut accorder aux autres enseignements, accueil qu'il faut traiter autrement[66]. De plus, cet enseignement de Pie XII, par son caractère absolu, limitait l'expression de la pensée dans l'Église d'une façon qui constituait un véritable danger. La manière de dire les choses qu'on y trouvait servait mal le croyant, qui pouvait se sentir aliéné dans le légitime exer-

65. Giuseppe Alberigo expose bien ce cheminement. Cf. «The Authority of the Church in the Documents of Vatican I and Vatican II», dans Leonard Swidler et Piet F. Fransen (éd.), *Authority in the Church and the Schillebeeckx Case*, Crossroad, N.Y., 1982, p. 119-146.

66. AP II, IV, p. 642-643.

cice de son intelligence; elle servait mal l'Église qui pouvait de la sorte se trouver privée de pensées nouvelles précieuses ou de nécessaires révisions de pensées anciennes; elle servait mal le magistère de l'Église, qui pouvait être conduit à y perdre de sa crédibilité.

Le danger auquel cette seconde réforme allait répondre était complémentaire de l'autre. Car non seulement voyait-on trop de dogmes partout que l'on voulait insérer dans une profession de foi, mais on traitait en pratique ce qui n'était pas dogme comme si c'en était. Les réactions à ce second danger, surtout à la Commission centrale, furent heureuses au-delà de tout ce qu'on aurait pu espérer. Non seulement a-t-on attiré l'attention avec vigueur sur les dangers que représentait la position enseignée par Pie XII, mais on a proposé des solutions prudentes et mesurées pour les éviter. Ces réactions furent à l'origine de la seconde réforme; on peut même dire qu'elles la constituèrent.

Il est parfaitement évident que cette seconde réforme, tout comme la première, est un des fruits les plus précieux du dernier concile. Malheureusement, tout comme la première aussi et malgré l'évidence dont elle jouit, elle devait demeurer un *aggiornamento* caché dont on perdra, semble-t-il, jusqu'à la trace. L'histoire de l'après-Concile en témoigne.

Des paroles et des textes d'un grand concile peuvent exprimer un malaise et proposer une solution. On peut ne pas s'en souvenir.

DEUXIÈME PARTIE
L'éclipse

1

Malaises autour du «définitif»

Dans l'après-Concile et plus spécialement au cours des vingt dernières années une pensée nouvelle est apparue dans les documents émanant de Rome où se trouve abordée la notion d'enseignement «définitif», notion importante s'il en est pour la vie de foi des croyants, pour la liberté et l'avenir de la pensée dans l'Église. C'est de cette nouvelle pensée et des malaises qu'elle suscite qu'il sera question dans ce chapitre.

L'apparition de cette nouvelle pensée s'est opérée en quatre moments, qu'on peut identifier avec la parution de quatre documents: la Profession de foi de 1989, l'Instruction de 1990 sur la mission ecclésiale du théologien, la Lettre apostolique *Ordinatio sacerdotalis* de 1994 sur l'ordination sacerdotale réservée aux hommes telle qu'interprétée par le cardinal Ratzinger dans son Commentaire de 1994, la même Lettre enfin telle qu'interprétée cette fois par la Note du 21 novembre 1995 émanant de la Congrégation pour la Doctrine de la Foi. Chacun de ces moments, chacun de ces documents a ses caractéristiques propres; chacun éclaire l'autre dans la mesure, comme on le verra, ou quelque clarté peut émerger de l'ensemble. Car, disons-le sans ambages, cette pensée nouvelle n'est pas que nouvelle. Elle est énigmatique et elle est inquiétante. Jamais la pensée de Vatican II que nous avons examinée dans la première partie de cet ouvrage, tout comme la pensée de Vatican I sur l'infaillibilité, ne s'est trouvée mise en cause autant que lors de ces quatre moments et par ces quatre documents.

Nous aborderons chacun de ces moments et chacun de ces documents. Et nous les examinerons l'un après l'autre, pour respecter la genèse d'une pensée qui semble n'être jamais tout à fait la même et se chercher laborieusement. Avertissement: ce chapitre aborde une question tout à fait capitale mais compliquée; il ne saurait donc être simple. Aussi le lecteur aura-t-il besoin de patience et peut-être même de la sagacité du limier pour essayer de comprendre, à travers le chassé-croisé de documents fort subtils, où nous en sommes rendus et, surtout, où l'on veut nous mener.

Les analyses et la réflexion que nous entreprenons dans ce chapitre sont en lien étroit avec ce que nous avons abordé dans la première partie de cet ouvrage, particulièrement en ce qui concerne ce qui peut et doit appartenir à une profession de foi. La profession de foi sera donc encore au centre de nos préoccupations et sera même au départ de notre recherche. C'est un paradoxe déconcertant de devoir constater que, sur ce sujet capital, au désir de clarté si vigoureusement exprimé à la Commission centrale, on en soit venu à répondre, dans l'après-Concile, par une confusion sans précédent.

La Profession de foi de 1989

À Vatican II, le problème de l'infaillibilité ne fut pas vraiment l'objet de nouveaux et importants débats. Le concile a repris tranquillement la pensée élaborée à Vatican I, à laquelle il s'est contenté d'apporter quelques précisions. L'historien sera obligé de constater que Vatican II n'a voulu ni infirmer, ni durcir, ni modifier la doctrine qui avait fait l'objet de si difficiles échanges au premier concile du Vatican. L'histoire de l'après-Concile sera assez différente. La profession de foi sera au cœur de cette histoire.

Sous le pontificat de Paul VI, deux initiatives furent prises en matière de profession de foi: en 1967, une nouvelle formule fut imposée, en remplacement de la formule tridentine et du serment antimoderniste[67]; en 1968, à la fin de l'Année de la foi, Paul VI prononça avec quelque solennité un credo personnel beaucoup plus long[68]. Dans l'ensemble, ces deux documents furent reçus sans susciter d'importants remous. Pour ce qui concerne la question de l'infaillibilité, ils n'introduisaient rien de nouveau.

La même chose ne peut être dite pour la formule que la Congrégation pour la Doctrine de la foi imposera à partir de 1989[69]. Cette formule suscita, au contraire, des critiques très importantes. Plusieurs malaises concernaient la manière de dire l'accueil à faire aux enseignements non infaillibles du magistère; ils seront examinés dans le prochain chapitre. Des malaises s'exprimèrent aussi en regard du traitement fait à la question de l'infaillibilité. Sur ce sujet, les rédacteurs de cette formule introduisaient, en effet, une pensée inquiétante. C'est cette pensée qui nous intéressera ici.

On peut se demander quels objectifs étaient visés par les initiatives de 1989. N'était-on pas en terrain tranquille depuis 1967, puisque la formule préparée alors par la Congrégation pour la Doctrine de la foi n'avait pas suscité de vagues? Certains objectifs de la nouvelle démarche étaient sans doute inavoués et le resteront. Quoi qu'il en soit, l'édition du 25 février 1989 de

67. ASS (1967), 1058. Pour une traduction française, Cf. *DC* (1967), p. 1486.

68. Pour le texte français, Cf. *DC* (1968), p. 1249-1258.

69. AAS, 9 janvier 1989, p. 104-106 et 19 septembre 1989, p. 1169. Pour la traduction française, Cf. *DC* (1989), p. 378-379.

l'*Osservatore romano* nous renseigne sur les objectifs avoués dans la courte Note de présentation officielle des nouveaux documents:

> Les fidèles appelés à exercer une fonction au nom de l'Église sont tenus d'émettre la «profession de foi» selon la formule approuvée par le Siège apostolique (cf. canon 833). En outre, l'obligation de prêter un «serment de fidélité» spécial concernant les devoirs particuliers inhérents à la fonction à assumer, jadis prescrit seulement pour les évêques, a été étendue aux catégories énumérées au canon 832, n°s 5-8. C'est pourquoi il est devenu nécessaire de préparer les textes adaptés à cet objectif, en révisant leur style et leur contenu afin qu'ils soient conformes à l'enseignement du concile Vatican II et des documents qui l'ont suivi.
>
> Comme formule de «profession de foi», la première partie du texte antérieur, en vigueur depuis 1967, qui contient le Symbole de Nicée-Constantinople (ASS 59 [1967], p. 1058), est proposée à nouveau intégralement. La seconde partie a été modifiée et subdivisée en trois paragraphes, afin de mieux distinguer le genre de vérité et l'assentiment demandé à cet égard[70].

Plusieurs ont été surtout embarrassés par le retour d'un serment et, dans certains cas, par le contenu même du serment de fidélité désormais exigé de certaines catégories de personnes ayant des responsabilités publiques dans l'Église[71]. Bien que le serment de fidélité ait été présenté comme complémentaire à la Profession de foi, nous ne nous intéresserons ici qu'à cette dernière. Elle suscita un immense malaise, évocateur de celui qu'avaient ressentis les cardinaux et évêques de la Commission centrale de Vatican II lors de la séance du 9 novembre 1961.

70. *DC* (1989), p. 378.

71. L'association des théologiens américains a été particulièrement sensible à cet aspect des choses. Cf. *Report of the Catholic Theological Society of America Committee on the Profession of Faith and the Oath of Fidelity*, 15 avril 1990, 133 p.

Le texte de présentation affirmait que le style et le contenu de la Profession de foi avaient été révisés afin de les rendre conformes à l'enseignement du concile Vatican II et des documents qui l'ont suivi, ces documents n'étant pas identifiés. Il sera important de vérifier cette prétention de conformité, surtout pour ce qui concerne l'enseignement du concile lui-même.

Dans la Profession de foi de 1989, le premier paragraphe ajouté au Symbole de Nicée-Constantinople reprend non pas la formule de la Profession de foi que la Congrégation pour la Doctrine de la foi avait décrétée en 1967, mais celle qu'on trouvait insérée dans la profession de foi personnelle que Paul VI avait prononcée en 1968[72]. Et cette formulation de 1968 n'était qu'une reprise de Vatican I, qu'on retrouvait également dans le Code de droit canonique de 1917 et qu'on retrouvera par la suite dans le Code de 1983. Ce paragraphe, qui devient le second de la profession de foi de 1989, est donc fort traditionnel. De l'avis général, il ne fait aucune difficulté.

On ne peut dire la même chose du troisième paragraphe de la Profession de foi de 1989. Il est en effet au cœur du malaise dont nous examinons, dans ce chapitre, l'étrange histoire. Ce paragraphe se lit comme suit:

> J'embrasse aussi fermement et retiens pour vrai tout ce qui concerne la doctrine de la foi ou la morale et est proposé par cette même doctrine de façon définitive.

Ces trois lignes ont suscité une grande perplexité, chez des évêques, quoiqu'ils ne s'en soient guère expliqués en public, chez de nombreux théologiens[73], et naturellement chez plusieurs

72. Ce paragraphe était tiré de la section consacrée à l'Église dans le Credo de Paul VI. Cf. *DC* (1968), p. 1255.

73. La littérature est abondante. Voir surtout: Ladislas Örsy, s.j., *The Profession of Faith and the Oath of Fidelity: A Theological and Canonical Analysis*, Michæl Glazier, 1990, 71 p.; Gustave Thils, *La profession de foi et le serment de fidélité*, (Cahiers de la Revue théologique de Louvain, n. 23), 1989, 55 p.; le Rapport déjà cité de la Catholic Theological Society of America; et ma petite

croyants. Au premier chef, on s'interroge sur leur sens. Mais on s'interroge aussi sur la nouveauté qu'elles comporteraient et, par ce biais, sur leur caractère traditionnel. Le sens que prend le mot «définitif» commande aussi le sens et la portée de ce paragraphe, comme il commandera le sens et la portée de tout enseignement qu'on présentera plus tard en utilisant ce mot. Ce sera le cas pour l'enseignement contenu dans la Lettre apostolique *Ordinatio sacerdotalis* du 22 mai 1994 sur l'ordination sacerdotale réservée aux hommes[74].

La Note de présentation de la nouvelle Profession de foi est du 25 février 1989. Elle est plus que laconique sur le sens du mot «définitif»: elle n'en traite même pas. Après avoir dit qu'on a voulu rendre les textes plus conformes, par leur style et leur contenu, à l'enseignement de Vatican II et des documents qui l'ont suivi, elle remarque que la seconde partie du texte de 1967 «a été modifiée et subdivisée en trois paragraphes, afin de mieux distinguer le genre de vérité et l'assentiment demandé à leur égard[75]».

Pour tenter de comprendre l'intention de la Congrégation pour la Doctrine de la foi, on recourt habituellement à un article du P. Umberto Betti, paru le même jour dans l'*Osservatore romano*, soit le 25 février 1989[76]. Nous le ferons à notre tour. Le Père Betti était consulteur à la Congrégation pour la Doctrine de la foi. On peut penser que cet article, paru en même temps que la proclamation de la décision de la Congrégation, exprimait un peu les vues de l'organisme auquel il était associé. En tout cas, il exprimait certainement des vues qui circulaient à Rome dans ce milieu.

L'article du P. Betti nous renseigne sur un certain nombre de points. On y apprend que les textes de 1989, Profession de foi

---

étude *Devant la nouvelle profession de foi et le serment de fidélité*, col. «Débats de l'Église», Fides, 1989, 55 p.

74. Traduction française dans *DC*, 19 juin 1994, p. 551-553.

75. Texte latin et italien dans l'*Osservatore romano* du 25 février; traduction pour l'italien et note de la *Documentation catholique*, 1989, n. 1982, p. 378-379.

76. *DC* (1989), p. 379-381.

et Serment de fidélité, étaient en chantier depuis 1984. On apprend que l'intention était double: rédiger un serment de fidélité pour remplacer l'ancien serment antimoderniste que Paul VI s'était contenté d'abolir, proposer une profession de foi «plus claire et plus complète» que celle que la Congrégation pour la Doctrine de la foi avait édictée en 1967. Sur le paragraphe qui suivait le Symbole de Nicée-Constantinople dans la rédaction de 1967, Betti aura le jugement suivant:

> Cette affirmation très générale, si elle se distinguait par sa concision, n'était pas exempte d'un double désavantage: celui de ne pas bien distinguer les vérités proposées à croire en tant que divinement révélées de celles qui sont proposées de manière définitive bien qu'elles ne soient pas divinement révélées; et celui de passer sous silence les enseignements du Magistère suprême qui ne possèdent pas la connotation de ce qui a été divinement révélé ou de la proposition définitive[77].

Par la suite, le P. Betti lève le voile sur l'origine de cette notion de «définitif» qu'on trouve dans le troisième paragraphe de la Profession de foi de 1989. Celle-ci ne se trouverait nulle part ailleurs que dans une décision de Vatican I alors que ce concile définissait l'objet de l'infaillibilité pontificale. Elle serait donc non seulement traditionnelle, mais de nature conciliaire. Voilà des choses à considérer de très près.

L'argumentation du P. Betti est ramassée en peu de mots. Autant la rappeler textuellement:

> Dans sa formulation de la définition dogmatique de l'infaillibilité pontificale, le concile Vatican I a délibérément inclus la possibilité que l'Église définisse des doctrines sans pour autant les proposer comme divinement révélées. En effet, à une expression précédente selon laquelle l'objet de

77. *DC* (1989), p. 380.

l'infaillibilité, aussi bien du Pontife romain que de toute l'Église enseignante, est tout ce qui, en matière de foi et de mœurs, est défini «comme ce que l'on doit considérer de foi ou rejeter comme contraire à la foi» (cf. Mansi 52, 7 B), le concile préféra par la suite l'expression «possibiliste», selon laquelle il est défini que l'objet de cette infaillibilité est la doctrine sur la foi ou les mœurs qui est proposée comme «devant être crue par l'Église universelle», sans que l'on spécifie comment elle doit être crue (cf. Const. dogm. *Pastor æternus*, ch. IV, DS 3074)[78].

Cette argumentation a l'avantage de dire clairement et de bien identifier les sources sur lesquelles la Congrégation pour la Doctrine de la foi semble s'être appuyée, si l'on en croit, du moins, cet article du Père Betti. Cette source est la formule même de la définition du dogme de l'infaillibilité pontificale. De ce fait déjà, on peut tirer une conclusion et une précision importantes: lorsque le Père Betti parle d'enseignements «définitifs», il nous est bien difficile de ne pas comprendre ce dernier mot comme signifiant «infaillibles». Il nous faudra nous souvenir de cela quand nous essayerons de comprendre, un peu plus loin, les propos que tiendra le cardinal Ratzinger en 1994 dans son commentaire sur la Lettre apostolique *Ordinatio sacerdotalis*[79]. Mais, pour l'instant, trois questions se posent: l'une porte sur le motif de la modification apportée au projet de Vatican I; l'autre sur le sens du «possible» qui aurait été ouvert par le concile Vatican I; la dernière sur l'utilisation éventuelle du «possible» qui aurait été ainsi ouvert. Pour établir correctement tout cela, le P. Betti se contente d'évoquer sommairement la modification apportée par Vatican I. C'est tout à fait insuffisant. Voyons les choses de plus près.

Le Commission doctrinale de Vatican I a fait la modification que rappelle le P. Betti pour répondre à un souhait de quelques

78. *DC* (1989), p. 380.
79. Cf. *DC* (1994), p. 611-615.
80. Mansi, 52, p. 1140s.

Pères. Celui qui a le mieux formulé ce souhait est Mgr Meurin, évêque d'Ascalon en Palestine[80]. La pensée de ce dernier se résume assez facilement. Mgr Meurin rappelle que presque tous les théologiens estiment que l'infaillibilité pontificale tout comme l'infaillibilité de l'Église s'étend bien au delà du dépôt révélé. Il ajoute que le texte du projet de constitution paraît *contredire* cette opinion presque unanime, ce que le concile ne devrait manifestement pas faire. Il demande donc que la formule définissant l'infaillibilité pontificale décrive l'objet de l'infaillibilité d'une manière indéterminée. C'est à cela que le concile a accédé. Le motif de l'intervention de Mgr Meurin est donc clair; est claire également l'intention qu'avait le concile en accédant à sa demande. Nous pouvons maintenant nous poser la question du sens du texte conciliaire qui en résulte et du «possible» dont parle le P. Betti. Cela aussi exige un examen méticuleux.

La formule par laquelle est définie l'infaillibilité du Souverain Pontife — dans certaines circonstances, à certaines conditions et concernant certains objets — a constitué l'enjeu et le résultat d'un long et difficile débat à Vatican I. On peut dire aujourd'hui, me semble-t-il, qu'elle a été soigneusement rédigée. Mais, comme il arrive habituellement pour les formules dogmatiques, elle est fort brève. On ne la comprend bien, avec tous ses attendus et ses sous-entendus, qu'en recourant au Rapport de Mgr Gasser, le rapporteur de la Commission doctrinale chargée de rédiger ce texte[81]. C'est ce que le P. Betti fait, avec raison. Malheureusement, il s'attache à la seule substitution des formules et ne tient pas compte de l'ensemble des remarques qu'on trouve dans le Rapport.

Quand on lit attentivement et en entier le Rapport Gasser, le sens précis de la modification que rappelle Betti ne peut être celui que ce dernier découvre. Lu en entier, le Rapport Gasser permet de comprendre qu'en votant sur la formule de *Pastor*

81. Mansi, 52, p. 1204s.

æternus le concile voulait être explicite sur un certain nombre de points. Il n'est pas inutile de les rappeler ici.

Une première certitude s'impose à quiconque lit le Rapport de Mgr Gasser: l'infaillibilité a été promise *pour conserver le dépôt de la foi.* Cette affirmation est importante. Elle revient si souvent dans le Rapport qu'on ne peut vraiment pas ne pas la voir. Mgr Gustave Thils a, pour sa part, insisté sur le fait que c'était là le point de convergence de toute la pensée exprimée à Vatican I[82].

Une seconde certitude s'impose également. Le concile Vatican I entend décréter que l'infaillibilité promise pour la garde du dépôt révélé s'étend au moins aux choses qui constituent par elles-mêmes le dépôt de la foi, donc aux dogmes de foi qu'elle définit et, ce qui revient au même, à la condamnation des hérésies. En conséquence, il est de foi et chacun des fils de l'Église doit croire que l'Église est infaillible quand elle propose et définit des dogmes de foi.

Une troisième certitude concerne la position que le concile a prise concernant d'autres vérités, celles qui font corps, à des degrés divers, avec les dogmes révélés et qui, bien que non révélées, sont cependant requises pour conserver intègre le dépôt de la révélation, l'expliquer correctement et le définir efficacement. À ces vérités, appartiennent bien sûr par eux-mêmes les faits dogmatiques, dans la mesure où sans eux le dépôt de la foi ne pourrait être conservé et exposé. Concernant ces vérités, le Rapport Gasser note que presque tous les théologiens (*omnino omnes theologi*) estiment que l'Église est infaillible dans ces cas, de sorte que le nier serait une grave erreur[83]. La controverse, souligne le Rapport, ne réside que dans la question de savoir si l'infaillibilité concernant ces matières doit être considérée comme un dogme de foi ou simplement comme une doctrine théologiquement

82. Sur ce sujet, voir Gustave Thils, *L'infaillibilité pontificale. Source-conditions-limites,* (Recherches et Synthèses), Duculot, 1968, p. 222-251. Aussi, du même auteur: *Primauté et infaillibilité du Pontife romain à Vatican I,* Leuven University Press, 1989.

83. Mansi, 52, p. 1204s.

certaine. Sur ce point précis, les Pères de la Députation de la foi, par un consentement unanime, ont convenu que la question, au moins maintenant (c'est-à-dire au concile), ne doit pas être définie, mais laissée dans l'état où elle est[84].

Voilà, certes, trois points fort importants qui se trouvent parfaitement clarifiés par le Rapport Gasser indiquant aux Pères de Vatican I le sens des mots qu'ils allaient adopter. Nous savons désormais d'une façon tout à fait précise ce que votaient les Pères dans la Constitution *Pastor æternus* et qui sera repris, sans modification, à Vatican II. Le moment est venu de rassembler, sur ces bases, quelques remarques concernant ce que le P. Betti semble vouloir tirer de son examen du Rapport Gasser.

Il faut bien se garder de majorer le sens de la modification dont fait état le P. Betti. Que cette modification ait eu lieu, c'est indéniable, mais on en comprend le sens en tenant compte de la demande à laquelle on répondait par elle et de l'interprétation donnée au texte par le Rapport Gasser. La demande était à l'effet qu'on décrive l'objet de l'infaillibilité d'une façon «indéterminée» (1142), afin de na pas *contredire* l'opinion de presque tous les théologiens qui estimaient que l'infaillibilité de l'Église — et donc aussi du pape — s'étendait aussi aux vérités nécessaires à la sauvegarde du dépôt de la Révélation. C'est ce qui fut fait, comme chacun peut aujourd'hui le constater. Et sans doute que Mgr Meurin et les autres Pères qui avaient fait cette demande furent tout à fait satisfaits de la solution apportée.

On ne peut en conclure toutefois que le concile aurait entériné cette opinion commune des théologiens, encore moins qu'il l'ait faite sienne dans la Constitution elle-même. Le Rapport Gasser est on ne peut plus formel sur ce point. Il l'affirme: «*à l'unanimité, les Pères de la Députation ont estimé que cette opinion ne doit pas être définie, du moins pour l'instant, mais laissée dans l'état où elle est*[85]».

84. Mansi, 52, p. 1226 C et p. 1227 C.
85. Mansi, 52, p. 1226 C.

Certes, le Rapport Gasser et le concile avec lui reconnaissent que cette vue selon laquelle l'infaillibilité s'étendrait aussi aux vérités nécessaires à la sauvegarde du dépôt de la Révélation est celle de presque tous les théologiens. Mais le faisant, ils n'y ajoutent rien: ils laissent la question dans l'état où elle est. À partir de ce qu'on lit dans le Rapport Gasser, dirons-nous que le concile a décidé de ne pas trancher la question? C'est tout à fait évident. Le fait que le Rapport affirme que de nier cette doctrine quasi unanime des théologiens soit une très grave erreur ne change rien à la chose. Le fait brutal, le fait simple est qu'au concile Vatican I on n'a pas tranché cette question et que celle-ci ne faisait pas partie du texte voté. Inutile d'insister sur le fait que les Pères n'ont pas eu à voter sur la question de savoir dans quelle mesure était bien fondée l'affirmation de la Commission doctrinale selon laquelle la quasi unanimité des théologiens étaient d'accord sur le caractère définissable de cette conception élargie de l'infaillibilité. Ils n'ont pas eu à voter non plus sur le fait que de nier cette conception des choses serait une erreur très grave.

Toutes ces remarques permettent de mettre en perspective l'importance de la fameuse mutation sur laquelle s'appuie le P. Betti. Elle est loin d'être aussi grande que le théologien semble le laisser entendre. Nous sommes surtout conduits à nous demander quelle est cette *possibilité* que le concile a voulu ouvrir ou, du moins, protéger. Ce serait fausser complètement le sens de ce qui fut proclamé dans la Constitution dogmatique *Pastor æternus* que de prétendre que le concile aurait voulu entériner de son propre poids le point de vue selon lequel l'infaillibilité pontificale s'étendrait aussi aux «*vérités nécessaires à la sauvegarde du dépôt révélé*». La Commission doctrinale du concile a refusé d'entraîner le concile dans cette voie. Elle a décidé, à l'unanimité, de circonscrire l'objet de la définition «à ces choses qui par elles-mêmes constituent le dépôt de la foi, donc aux dogmes de foi à définir[86]».

86. Mansi, 52, p. 1226 A.

Dans ces conditions, quel «possible» le concile a-t-il protégé? Il a protégé la possibilité ou le droit de *penser* que l'infaillibilité de l'Église et du pape s'étendrait aussi à ces objets qu'on appelle parfois les «objets secondaires» de l'infaillibilité. Il n'a pas *affirmé par son autorité* que l'Église ou le pape pourraient faire des déclarations sur ces sujets en engageant l'infaillibilité de l'Église. Il n'a pas affirmé dans sa déclaration dogmatique que le pape et l'Église seraient infaillibles sur ces sujets. Et naturellement tout lecteur attentif de Vatican II peut comprendre que ce dernier concile n'a fait que s'en tenir, sur ce point, à l'enseignement de Vatican I et jusqu'à la formule elle-même que ce concile avait employée[87].

À partir de tout cela, on comprend qu'il ne saurait y avoir des enseignements infaillibles qui sont de foi et d'autres qui ne le sont pas. Le concile Vatican I n'a pas envisagé cette dualité qu'on semble vouloir introduire. Il a décidé d'obliger les croyants à admettre *comme un dogme de foi* que l'infaillibilité de l'Église et du pape s'étend à ces vérités «qui constituent le dépôt de la foi». Pour le reste, il a laissé la théologie à elle-même, à ses certitudes, à ses questions et éventuellement à ses hésitations.

Toutes ces remarques montrent à quel point le troisième paragraphe de la nouvelle Profession de foi pose toutes sortes de difficultés. Si les enseignements dont il s'agit sont infaillibles, comme toute l'interprétation de Betti le suppose, on se demande vraiment pourquoi et comment son contenu différerait de celui du deuxième paragraphe. On se demande aussi quel sens peuvent avoir des degrés d'adhésion quand un enseignement s'impose comme infaillible[88]. L'infaillible ne laisse pas de place, semble-t-il, à l'idée de degré. Un enseignement infaillible exige l'adhésion la plus ferme.

Surtout, on doit se demander à partir de quel droit la Congrégation pour la Doctrine de la foi imposerait à la foi des

87. *Lumen gentium*, n° 25.
88. *DC* (1989), p. 380.

pasteurs, des théologiens et des croyants ce que le concile Vatican I n'a pas voulu imposer et a même décidé de ne pas imposer. Car on ne peut évidemment l'oublier, ce troisième paragraphe dont nous discutons le contenu se trouve dans une profession de foi. Il est certain que le concile Vatican I n'entendait pas ouvrir ou sauver la «possibilité» d'introduire dans une profession de foi ce qu'il a formellement décidé de ne pas introduire lui-même dans un dogme de foi!

Une autre question peut être posée en regard de ce que nous venons de voir. Le Souverain Pontife pourrait-il déclarer infaillible un enseignement qui n'entrerait pas dans les limites de ce qui fut déclaré par la définition dogmatique de Vatican I comme constituant l'objet de l'infaillibilité du pape? Autrement dit, le pape pourrait-il exercer son infaillibilité d'une manière qui excède ce qui est enseigné comme étant de foi à Vatican I? Ou encore: les enseignements donnés de cette manière seraient-ils eux-mêmes infaillibles, même si l'acte par lequel ils étaient posés n'entrait pas dans les limites circonscrites dans la Constitution *Pastor æternus*? C'est là, sans doute, une question assez théorique, mais qui ne manque pas pour autant d'intérêt. On peut dire, sur ce point, certaines choses.

D'abord, un tel geste ne manquerait pas de témérité, car le pape mettrait en œuvre ou en exercice un privilège que Vatican I, après avoir tellement délibéré à son sujet, n'a pas voulu insérer dans la proclamation de l'infaillibilité pontificale. De sorte que, de cette manière et par l'exercice même de son magistère, le pape s'autoproclamerait infaillible. Il est évident, en effet, qu'un enseignement ne peut être reçu comme infaillible et s'imposer comme tel sans que celui qui le fourntit n'ait ce privilège.

Qu'est-ce à dire, sinon que l'opinion théologique selon laquelle l'Église et le pape jouiraient de l'infaillibilité, même quand ils enseignent des doctrines qui ne sont pas contenues dans la Révélation, cette opinion ne saurait conduire à l'exercice concret de cette prérogative sans que le pape décide d'aller lui-même, seul, au-delà des limites que Vatican I et Vatican II n'ont pas voulu franchir? En dernière analyse, n'est-on pas obligé de conclure que, en pratique, seul un concile pourrait désormais trancher la question que Vatican I a décidé de ne pas trancher? Quand le Rapport Gasser, à Vatican I, affirmait que cette question — du moins pour l'instant — ne devait pas être considérée comme définie et devait être laissée dans l'état où elle était, il limitait non seulement le contenu de la déclaration conciliaire, mais aussi *l'exercice concret* de l'infaillibilité.

*

* *

Il est impossible de lire le troisième paragraphe de la Profession de foi promulguée en 1989 sans s'interroger sur ce qu'il dit concernant les enseignements du magistère en matière de loi naturelle. Ce paragraphe est rédigé d'une manière telle qu'on pourrait penser que ces enseignements sont également concernés par lui. Pour sa part, le P. Betti aborde cette question de la manière suivante:

> Peut faire partie de l'objet des définitions irréformables, même si ce ne sont pas des définitions de foi, tout ce qui se rapporte à la loi naturelle, qui est également l'expression de la volonté de Dieu. À ce titre, elle appartient elle aussi à la compétence d'interprétation et de proposition de l'Église, en raison de son ministère de salut[89].

Nous avons vu que la distinction entre définitions infaillibles et définitions de foi n'a pas de base dans les actes de Vatican I. Nous ne reviendrons pas là-dessus. Mais la compétence de l'Église à donner un enseignement infaillible, et par là définitif, en matière de loi naturelle peut-elle se réclamer de Vatican I? Nous avons déjà beaucoup d'éléments de réponse à cette question.

89. *DC* (1989), p. 380.

En premier lieu, pour Vatican I, le dogme de l'infaillibilité du pape ne concerne que les *vérités révélées.* Il ne saurait concerner les vérités auxquelles on parviendrait par la raison et qu'on considérerait à ce titre comme étant la volonté de Dieu. Ce n'est donc pas de foi que l'Église aurait le pouvoir d'enseigner d'une façon infaillible en ces matières. C'est déjà très clair par les textes auxquels nous avons déjà référé.

À cela, il est bon d'ajouter la réponse à la demande du n° 45 que rapporte Mgr Gasser[90]. Un Père avait demandé qu'on remplace les mots «*in rebus fidei et morum*» ou encore «*in doctrina fidei et morum*» par la formule «*in fidei morumque principiis*». À cette demande, la Commission doctrinale de Vatican I répond par des remarques qui sont des plus explicites pour exprimer sa pensée sur la question dont nous traitons ici:

> La Députation de la foi ne peut admettre cet amendement, parce que le mot serait tout à fait neuf alors que l'expression «*res fidei et morum*» est très connue, et que tous les théologiens peuvent la comprendre. De plus, les principes des mœurs peuvent être des principes naturels d'honnêteté, qui ne peuvent d'aucune façon appartenir au dépôt de la foi[91].

Cette réponse de la Députation de la foi est pleine d'intérêt. On sourirait aujourd'hui devant l'affirmation selon laquelle l'expression «*in rebus fidei et morum*» est très bien connue. Peu d'expressions sont aujourd'hui autant que celle-là objets de méprises. Mais il est vrai que cette expression est très traditionnelle — elle remonte au moins à saint Augustin — et il est probable (mais non certain) qu'elle était claire pour les Pères de Vatican I[92]. Ce qui importe cependant à notre propos, c'est la

---

90. Mansi, 52, p. 1223-1224.

91. Mansi, 52, p. 1224.

92. Sur les problèmes que posent les mots «*in rebus fidei et morum*» voir mon ouvrage *Le magistère incertain*, p. 86s.; et voir surtout Piet FRANSEN, «A Short History of the Formula "Fides et Mores"», dans *Hermeneutics of the Councils and Other Studies*, p. 287-318.

dernière phrase: «*certains principes moraux peuvent n'être que de simples principes philosophiques d'honnêteté naturelle, qui n'appartiennent pas en tout point au dépôt de la foi*». Quand on ajoute cette réponse également clarificatrice à toutes les remarques que nous avons déjà rassemblées, il devient absolument évident que le concile Vatican I n'a pas voulu inscrire parmi les objets qui pourraient être enseignés d'une manière infaillible les enseignements du magistère concernant ces questions de droit naturel qui ne sont pas contenues dans la révélation.

On pourrait d'ailleurs aller plus loin sur ce point. Non seulement le concile n'a pas inclus ces enseignements dans la notion d'infaillibilité que le concile entendait définir, il n'en a même pas fait état du tout. En effet, si le concile reconnaissait que la presque totalité des théologiens estimaient que certaines vérités non contenues dans la dépôt de la foi pouvaient être enseignées en engageant l'infaillibilité de l'Église, il s'agissait de vérités «*nécessaires à la défense et à la proclamation du dépôt*» et non pas de vérités de la loi naturelle qu'on découvrirait comme étant la «volonté de Dieu» ou de vérités de la loi naturelle que l'Église devrait pouvoir enseigner d'une manière infaillible «en raison de son ministère de salut», pour référer ici aux mots utilisés par le P. Betti[93].

*

* *

Nous nous sommes arrêtés à l'étonnant troisième paragraphe de la Profession de foi de 1989 en accordant une grande place au commentaire du P. Betti qui accompagnait le texte de la Profession dans l'*Osservatore romano.* En cela, nous ne faisons que nous conformer à d'autres, comme Gustave Thils par exemple[94]. Bien

93. Dans l'article de l'*Osservatore romano,* n. 2 b.

94. *La profession de foi et le serment de fidélité,* (Cahiers de la Revue théologique de Louvain, 23), voir surtout les p. 50-55.

sûr, le commentaire du P. Betti n'est que le commentaire d'un théologien et de nombreux commentaires ont paru depuis ce temps. Mais ce commentaire a ceci de particulier qu'il nous permet peut-être de percer un peu le mystère concernant la pensée et les intentions de la Congrégation pour la Doctrine de la foi au moment où elle promulguait la nouvelle Profession de foi. Nous l'avons déjà remarqué, la Note de présentation de la Profession de foi est complètement silencieuse sur la notion d'enseignements définitifs que comporte le troisième paragraphe. C'est seulement en lisant la Profession de foi de 1989 en lien avec le commentaire de Betti que nous pouvons saisir la pensée et les intentions de la Congrégation pour la Doctrine de la foi au moment précis où paraissait la Profession. De l'examen que nous avons fait, certaines conclusions se dégagent assez facilement.

La première conclusion concerne évidemment le lien qui est fait entre les enseignements «définitifs» auxquels réfère le troisième paragraphe et les enseignements «infaillibles». Quand on lit le P. Betti, on est tout entier plongé dans les débats de Vatican I sur l'infaillibilité. À moins qu'on n'y puisse rien comprendre, les enseignements définitifs dont parle le théologien romain sont donc des enseignements infaillibles. C'est là un point important en lui-même. C'est aussi un point sur lequel les contradictions ne manqueront pas par la suite. Mais n'anticipons pas.

La seconde conclusion concerne les interprétations qui sont alors faites de la pensée et des intentions de Vatican I. Sans reprendre ici tout ce que nous avons dit plus haut, nous pouvons du moins rassembler quelques propositions très claires.

Il n'est pas vrai que Vatican I aurait, de quelque façon que ce soit, ouvert la porte à l'idée que l'infaillibilité du magistère puisse s'étendre à «tout ce qui se rapporte à la loi naturelle, qui est également l'expression de la volonté de Dieu», comme semble le vouloir le P. Betti. Nous l'avons souligné, cette extension de l'infaillibilité a été délibérément et d'une manière expresse éliminée de la définition et de la détermination de l'objet de l'infaillibilité.

Il n'est pas vrai que Vatican I aurait manifesté une quelconque inclination à concevoir des définitions irréformables et donc des enseignements infaillibles qui ne seraient pas des définitions de foi. Pour ce concile, un enseignement infaillible engage la foi et exige un assentiment de foi. Il le fait précisément parce que, pour ce concile s'exprimant dans *Pastor æternus,* un enseignement infaillible porte sur un donné révélé.

Il est vrai que Vatican I, tout en précisant que dans la définition dogmatique l'infaillibilité du pape concerne les vérités révélées et elles seules, a laissé ouvert un «possible». À la demande de Pères, dont Mgr Meurin, il a permis à une opinion théologique, considérée à l'époque comme très commune, de continuer à s'exprimer. Cette opinion théologique est celle qui estime que l'infaillibilité pontificale peut s'étendre également aux «vérités nécessaires à la conservation du dépôt révélé». Il n'est certainement pas vrai que les Pères de Vatican I auraient été à l'aise qu'on insère dans une profession de foi cette opinion théologique. On sait, en tout cas, qu'ils ont délibérément voulu que cette vue théologique, fût-elle considérée comme certaine, ne soit pas incluse dans la proclamation dogmatique qu'ils ont votée. Le «possible» laissé ouvert n'est donc pas l'insertion de cette vue dans une profession de foi.

Quand on fait le tour de la question, on constate qu'aucun des possibles que semble suggérer le P. Betti ne trouve quelque appui que ce soit dans les actes de Vatican I. Pour ce qui est de Vatican II, chacun sait que le problème de l'infaillibilité n'y a pas vraiment fait l'objet de nouveaux et importants débats. Le dernier concile a repris tranquillement la pensée élaborée à Vatican I, sans l'infirmer mais aussi sans la modifier sur les points absolument essentiels abordés ici.

Devant tout cela, il n'est pas étonnant que, dès la parution de la Profession de foi de 1989, le troisième paragraphe ait suscité un immense malaise[95]. Fait état de ce malaise d'une manière toute particulière l'étude du Comité de la Société de théologie catholique d'Amérique. Cette étude parle de ce paragraphe comme de la partie la plus difficile à comprendre de toute la Profession de foi, à cause de son contenu, à cause de la manière dont ce contenu est présenté, à cause de la sorte d'acte par lequel ce contenu doit être reçu. L'étude conclut: «Ainsi l'ambiguïté est ce qui caractérise ce paragraphe, dans ce qu'il proposc, dans la manière de le proposer, et dans la manière de dire l'acte par lequel cet enseignement doit être reçu[96].» L'étude que nous venons de faire va tout à fait dans le même sens. Mais l'histoire de ce paragraphe n'est pas terminée. Il nous faut voir maintenant ce qu'a à dire sur toutes ces choses l'Instruction sur la mission ecclésiale du théologien.

Les ambiguïtés ont toujours la vie dure. Quand on s'y enferme, on n'en sort pas facilement. Réussira-t-on à sortir de celles qui caractérisaient la Profession de foi de 1989 telle qu'interprétée ou expliquée par le P. Betti dans l'*Osservatore romano*, le jour où elle fut rendue publique?

L'Instruction sur la vocation ecclésiale du théologien[97]

Il nous faut continuer notre travail de limier. Le témoin à interroger, cette fois, est l'Instruction sur la vocation ecclésiale du théologien. Cette Instruction aussi fit beaucoup de bruit pour

95. Voir surtout *Report of the Catholic Theological Society of America Committee on the Profession of Faith and the Oath of Fidelity*, 1990, p. 77-84; Ladislas Örsy, *The Profession of Faith and the Oath of Fidelity. A Theological and Canonical Analysis*, p. 23-28 et 32; Gustave Thils, *op. cit.*, p. 24-27 et 50-55; André Naud, *Devant la nouvelle profession de foi*, p. 25-55.

96. «Thus ambiguity marks the content of this second paragraph in what is proposed, how it is proposed, and the act by which the teaching is received.» (*Op. cit.*, p. 82) *N.B.:* Contrairement à ce que nous faisons dans ces pages, Ladislas Örsy ne compte pas la Profession de foi de Nicée-Constantinople comme un paragraphe.

97. *DC* (1990), p. 693-701.

plusieurs de ses aspects. Nous nous contenterons de l'interroger ici sur ce qu'elle peut bien dire sur la notion d'enseignements «définitifs[98]».

Plusieurs raisons nous incitent à accorder de l'importance à cette Instruction. Celle-ci provient du même organisme que la Profession de foi. Elle est de la même époque. Elle y renvoie[99], soulignant par là le lien qu'elle a avec elle. Elle est le lieu où la question qui nous occupe ici est le plus développée[100].

Nous aborderons l'Instruction avec des questions ou interrogations très précises. Quel usage l'Instruction fait-elle du terme «définitif»? Étend-elle la sphère de l'infaillibilité comme la Profession de foi semblait le faire? En quels termes et de quelle manière le fait-elle? En s'appuyant sur quels arguments ou sur quels documents? Celui qui lit l'Instruction attentivement avec ces questions en tête est frappé par certains faits.

Voici le premier. Le n° 25 de la Constitution dogmatique *Lumen gentium* du concile Vatican II et la déclaration *Mysterium Ecclesiæ* de la Congrégation pour la Doctrine de la foi[101] affirmaient que «l'infaillibilité de l'Église s'étend aussi loin que le dépôt de la Révélation divine à conserver saintement et à exposer fidèlement». La formule de l'Instruction se coule dans cette affirmation, mais en lui donnant un sens dangereusement élargi. Voici ce qu'on y lit:

> Le devoir de conserver saintement et d'exposer fidèlement le dépôt de la divine Révélation implique, de par sa nature, que le Magistère puisse proposer «d'une manière définitive» des énoncés qui, même s'ils ne sont pas contenus dans les vérités de la foi, leur sont cependant intimement connexes,

98. Pour différents autres aspects de cette Instruction, on peut voir notre étude «Programme pour un discours différent», dans *Questions de liberté* (col. «Héritage et projet», 46), Fides, Montréal, 1991, p. 329-348.

99. Notes 14, 21, 22.

100. L'Instruction traite de notre question surtout aux n°s 16, 17, 23.

101. *DC* (1973), p. 664-670.

de sorte que le caractère définitif de telles affirmations dérive, en dernier ressort, de la Révélation elle-même[102].

Si on lit bien cet énoncé, l'infaillibilité de l'Église s'étendrait aussi aux vérités «intimement connexes» aux vérités de foi. N'importe quel lecteur un peu attentif aux mots comprendra que la formulation de la Congrégation pour la Doctrine de la foi entraîne un élargissement considérable du champ de l'infaillibilité. Inutile d'insister sur le fait que cette formule pourrait prêter aux interprétations ou applications les plus variées. Bien des «vérités» peuvent être dites «intimement connexes» au dépôt de la Révélation et, plus encore, aux «vérités de foi». Au n° 14, l'Instruction renvoie à la Profession de foi. Il est intéressant de noter en passant que, par le biais de ce renvoi, ce passage de l'Instruction se trouve être une explicitation du célèbre paragraphe troisième de la Profession de foi. Immédiatement avant, au n° 13, l'Instruction réfère au n° 25 de *Lumen gentium* et à la Déclaration *Mysterium Ecclesiæ* de 1973[103]. On chercherait en vain dans ces deux derniers documents la formule peu rigoureuse et cet élargissement du champ de l'infaillibilité qu'on trouve dans l'Instruction. La recherche serait encore plus vaine si l'on voulait fonder tout cela sur Vatican I. Pour que tout cela soit très clair, il vaut la peine de rappeler ici la position des deux derniers conciles de même que celle de la Déclaration *Mysterium Ecclesiæ*.

Comme nous le savons, la position de Vatican I sur cette question n'apparaît malheureusement que dans le Rapport Gasser. Cependant, grâce à ce Rapport, elle est parfaitement claire et elle est exprimée d'une manière fort limpide, comme nous l'avons déjà montré. Vatican I affirme qu'il est de foi que l'Église est infaillible quand elle définit une doctrine qui est contenue dans la Révélation[104]. Par ailleurs, le Rapport Gasser souligne que

102. L'Instruction, n° 16.
103. AAS 65 (1973), p. 400s.
104. Mansi, 52, p. 1226 A.

le texte qui sera voté au concile laisse dans l'état où elle est à cette époque l'opinion selon laquelle les théologiens, d'une manière quasi unanime, estiment que l'Église est infaillible quand elle enseigne des vérités nécessaires à la conservation du dépôt de la foi. De telle sorte, ajoute le Rapport, que nier que l'infaillibilité s'étend aussi à ces objets doit être considéré comme une erreur très grave[105]. Il faut remarquer la description de l'objet dont il est ici question: il s'agit des vérités «*nécessaires à la conservation du dépôt de la foi*» et non pas des vérités «*intimement connexes aux vérités de foi*». Il n'est pas nécessaire d'être un lecteur hautement sophistiqué pour saisir tout ce qui sépare ces deux formules.

La position de Vatican II est la même. Quelques remarques s'imposent cependant, car le dernier concile s'exprime sur l'infaillibilité d'une manière plus synthétique que Vatican I. Des choses sont absolument certaines. Contrairement à l'Instruction, il s'en tient à la même formule que Vatican I pour exprimer quelles sont ces vérités qui n'appartiennent pas au dépôt de la foi mais qui feraient aussi, selon l'opinion quasi unanime des théologiens, l'objet possible d'un enseignement infaillible: il parle lui aussi des vérités nécessaires à la conservation du dépôt de la foi. Comme les Pères de Vatican I, il fait sienne la position qui était présentée à Vatican I comme étant l'opinion quasi unanime des théologiens. Tout comme les Pères de Vatican I, il n'en fait pas un dogme de foi. Chacun sait d'ailleurs que Vatican II n'a pas voulu proclamer de nouveaux dogmes; il est particulièrement évident qu'il n'a pas voulu le faire sur un point aussi délicat que celui de l'infaillibilité. On peut donc dire que le texte de Vatican II est en tous points fidèle à celui de Vatican I. Il ne le modifie pas; il ne recule pas; il ne va pas plus loin.

Le renvoi à la Déclaration *Mysterium Ecclesiæ* ne peut pas servir davantage les fins poursuivies par l'Instruction[106]. La Déclaration

105. Mansi, 52, p. 1226 B.
106. Cf. AAS 65 (1973), p. 400s.

de 1973 portait principalement sur le fait qu'on ne peut réduire l'infaillibilité à une simple permanence «fondamentale» dans le vrai. Elle rappelait que le sens des dogmes doit être tenu pour irrévocable. Pour ce qui concerne notre question, la déclaration reprenait la position de Vatican I et de Vatican II, pratiquement à la lettre, notamment au nº 3. On ne saurait certainement invoquer ce document pour préconiser un élargissement de l'objet de l'infaillibilité comme tend à le faire l'Instruction.

Quand on lit ce document de la Congrégation pour la Doctrine de la foi, le second fait qui retient l'attention concerne l'usage qui y est fait des mots «puisse proposer d'une manière définitive[107]». Ici encore on renvoie à la Profession de foi, en précisant qu'il s'agit bien du fameux paragraphe troisième. La Congrégation pour la Doctrine de la foi a donc de la suite dans les idées: elle entend bien distinguer deux sortes d'enseignements définitifs. Inutile de revenir longuement sur ce sujet troublant. Nous sommes ici, de nouveau, devant toutes les ambiguïtés dont nous avons parlé lors de l'examen de la Profession de foi, ambiguïtés qui prendront une si grande importance avec la publication de la Lettre apostolique *Ordinatio sacerdotalis* sur l'ordination sacerdotale réservée aux hommes.

La question de l'autorité du magistère en matière d'interprétation de la loi naturelle est abordée dans ce contexte ambigu du nº 16 de l'Instruction. La position de la Congrégation pour la Doctrine de la foi est particulièrement obscure, mais tout semble indiquer que l'intention du texte est d'affirmer que l'infaillibilité de l'Église s'étend à l'interprétation de la loi naturelle ou d'affirmer, du moins, que la capacité de l'Église d'enseigner «d'une manière définitive» s'étend à ce domaine. On est surtout amené à le penser du fait que cette question est abordée dans le cadre de ce nº 16, tout entier consacré à parler des enseignements infaillibles ou «définitifs».

107. Instruction sur la vocation ecclésiale du théologien, nº 16.

Nous avons vu plus haut comment la vue selon laquelle l'infaillibilité du magistère s'étendrait à l'interprétation de la loi naturelle ne saurait s'appuyer sur l'enseignement de *Pastor æternus*. À la différence de ce que faisait le Père Betti dans son commentaire sur la nouvelle Profession de foi, l'Instruction ne renvoie pas à cette constitution de Vatican I. À la fin du n° 16, elle renvoie plutôt à *Dei filius*. Il y a là quelque chose d'étonnant. En effet, si l'on veut saisir la pensée de Vatican I sur l'infaillibilité, c'est vraiment à *Pastor æternus* qu'il faut recourir, en s'assurant de tenir compte du Rapport Gasser. C'est là qu'on en traite *ex professo*. Le lecteur qui s'imposera de recourir au chapitre III de *Dei filius* comprendra vite que celui-ci est incapable d'éclairer la question qui nous intéresse ici.

L'Instruction renvoie également au n° 4 de l'encyclique *Humanæ vitæ*. Il nous faut donc considérer ce passage. Il se lit comme suit:

> Aucun fidèle ne voudra nier qu'il appartient au Magistère de l'Église d'interpréter aussi la loi morale naturelle. Il est incontestable, en effet, comme l'ont plusieurs fois déclaré Nos Prédécesseurs, que Jésus-Christ, en communiquant à Pierre et aux Apôtres sa divine autorité, et en les envoyant enseigner ses commandements à toutes les nations, les constituait gardiens et interprètes authentiques de toute la loi morale: non seulement de la loi évangélique, mais encore de la loi naturelle, expression elle aussi de la volonté de Dieu, et dont l'observation fidèle est également nécessaire au salut[108].

Manifestement, ce passage de l'encyclique de Paul VI ne permet pas, lui non plus, l'élargissement de l'objet de l'infaillibilité qui semble voulu dans le n° 16 de l'Instruction. Inutile d'insister sur le fait que cet élargissement n'était aucunement l'objet de cette encyclique. Chacun sait par ailleurs que Paul VI

108. AAS 60 (1968), p. 483.

n'a pas voulu présenter son enseignement sur la contraception comme engageant l'infaillibilité de l'Église, ce qui devrait constituer une clé pour l'interprétation du texte qu'on vient de lire. À partir de ce seul texte, il est donc impossible d'associer Paul VI à une extension de l'infaillibilité de l'Église à l'interprétation de la loi naturelle. Pour tout dire et pour conclure, la Congrégation pour la Doctrine de la foi irait bien au delà des deux derniers conciles si elle prétendait étendre l'infaillibilité du magistère à l'interprétation de la loi naturelle. Naturellement si le mot «définitif» utilisé dans le n° 16 de l'Instruction ne signifiait ni un enseignement «*ex cathedra*» ni un enseignement irrévocable, les questions que nous nous posons concernant l'extension du champ de l'infaillibilité disparaîtraient. Mais que signifieraient alors, dans le contexte où on les trouve, les mots «d'une manière définitive»?

Puisque l'Instruction réfère au n° 4 de l'encyclique *Humanæ vitæ*, peut-être faut-il ajouter ici un mot sur ce qu'on y trouve concernant la compétence du magistère en regard de la loi naturelle. J'ai proposé dans *Le magistère incertain* un certain nombre de réflexions en vue de préciser un peu cette compétence. Le lecteur pourra retourner à ces pages[109]. Dans quelle mesure peut-on être satisfait de l'affirmation de l'encyclique *Humanæ vitæ* selon laquelle le magistère aurait été constitué par Jésus-Christ gardien et interprète authentique de la loi naturelle? Le magistère peut-il prétendre être le seul interprète en ce domaine? Peut-il prétendre avoir dans ce domaine une autorité semblable à celle qu'il détient manifestement comme gardien du dépôt de la Révélation?

109. *Le magistère incertain*, p. 75-123.

*
* *

En 1989, on était obligé d'interpréter le troisième paragraphe de la Profession de foi en se référant à l'article d'un assesseur de la Congrégation pour la Doctrine de la foi, le P. Betti, article publié dans l'*Osservatore romano* le jour où fut rendue publique la nouvelle formule de Profession de foi. En 1990, avec l'Instruction sur la vocation ecclésiale du théologien, nous pouvons tenter d'interpréter cette Profession de foi à l'aide d'un document émanant officiellement, cette fois, de la Congrégation. Ayant fait une analyse de ce document, nous pouvons maintenant essayer de répondre à la question de savoir s'il y a convergence ou divergence entre les deux lectures qui sont ainsi proposées. Il s'agit de savoir si, dans l'Instruction aussi, le mot «définitif» signifie «infaillible». Et il s'agit de savoir si, dans l'Instruction aussi, l'objet de l'infaillibilité est étendu au delà de ce qui était enseigné à Vatican I et à Vatican II. Dans les deux cas, il faut répondre par l'affirmative.

Considérons d'abord la première question. Certes, quand la Congrégation utilise le mot «définitif» au n° 16 de l'Instruction, elle ne lui adjoint pas le mot «infaillible», ce qui laisse subsister une certaine ambiguïté, celle-là justement à laquelle la Profession de foi nous avait habitués. Cependant, un examen serré oblige à penser que le mot «définitif» signifie bien, ici comme dans l'article du P. Betti, «infaillible». Toute la réflexion du n° 16 s'inscrit, en effet, dans la logique du rappel de la doctrine de l'infaillibilité, exposée au n° 15. Bien plus, elle emploie les mots mêmes par lesquels est abordée d'une façon traditionnelle la question de l'«objet secondaire» de l'infaillibilité.

Notre seconde question est celle de savoir si l'Instruction propose un élargissement de l'enseignement des derniers conciles concernant l'infaillibilité. Sur ce point, la position de l'Instruction n'est pas plus satisfaisante que celle du P. Betti. Comme le faisait ce dernier, la Congrégation étend la sphère de l'infaillibilité à l'interprétation de la loi naturelle, ce que Vatican I a expressément refusé d'affirmer. Cherchant un appui, la Congrégation renvoie à l'encyclique *Humanæ vitæ.* Cet appui est bien fragile. Non seulement le recours à une encyclique serait-il insuffisant pour affirmer une chose qu'un concile a délibérément refusé d'affirmer, mais l'encyclique de Paul VI ne préconise en rien l'élargissement de la doctrine de l'infaillibilité que l'Instruction semble suggérer. Bien plus, débordant ce cas et abordant les choses d'une manière plus générale, l'Instruction définit la sphère de l'infaillibilité en des termes tout nouveaux, allant bien au delà de ce que Vatican I puis Vatican II avaient considéré. La différence n'est pas petite, en effet, comme nous l'avons déjà souligné, entre les vérités nécessaires à la sauvegarde de la foi et les vérités «intimement connexes» à celle-ci.

Que toute la rédaction du n° 16 de l'Instruction soit pleine d'ambiguïtés, le lecteur qui s'y arrête n'a pas de peine à le remarquer. Ces ambiguïtés rejoignent et confirment chacune de celles qu'on trouvait déjà dans la Profession de foi. Proposition d'une nouvelle sorte d'enseignements «définitifs», désir d'étendre le champ où l'infaillibilité de l'Église s'exercerait, tout cela est plutôt menaçant pour la liberté de la pensée dans la foi. Tout cela est prémonitoire également des difficultés d'interprétation qui apparaîtront avec la publication de la Lettre apostolique sur l'ordination sacerdotale réservée aux hommes. Il nous faut maintenant aborder cet autre moment d'une étonnante histoire.

La Lettre apostolique Ordinatio sacerdotalis

En mai 1994, la Lettre apostolique *Ordinatio sacerdotalis* sur le sacerdoce réservé aux hommes comportait un paragraphe qui a eu l'effet d'une bombe. Le voici:

> C'est pourquoi, afin qu'il ne subsiste aucun doute sur une question de grande importance qui concerne la constitution divine elle-même de l'Église, je déclare, en vertu de ma

mission de confirmer mes frères (cf. *Lc* 22,32), que l'Église n'a en aucune manière le pouvoir de conférer l'ordination à des femmes et que cette position doit être définitivement tenue par tous les fidèles de l'Église[110].

Avec ce court paragraphe, le problème des enseignements «définitifs» et des enseignements infaillibles se trouvait de nouveau posé. Il l'était, cette fois, d'une manière qui devait rejoindre et intéresser tous les catholiques bien plus que ne pouvaient le faire la nouvelle Profession de foi et l'Instruction sur la vocation ecclésiale du théologien. À tous égards, la question de l'accès des femmes à l'ordination sacerdotale est une immense question. Non seulement intéresse-t-elle le grand public, mais des enjeux de première importance y sont impliqués: théologiques, humains, pastoraux.

Il n'importe pas au propos de cet ouvrage d'examiner pour elle-même la question de l'accès des femmes au sacerdoce ou aux ministères ordonnés. Cela exigerait un ouvrage entier. Il y faudrait évaluer les arguments présentés dans la Déclaration *Inter insigniores* de la Congrégation pour la Doctrine de la foi du 15 octobre 1976[111], dans les Lettres apostoliques *Mulieris dignitatem*[112] du 15 août 1988 et *Ordinatio sacerdotalis* de Jean-Paul II. Il y faudrait faire l'examen de toute la réflexion exégétique et théologique des dernières décennies, y compris de celle des théologiennes. Compte tenu de l'immense débat qui a cours, il y faudrait proposer une pensée qu'on ne peut résumer en quelques considérations. Toutefois, le paragraphe qu'on lit à la fin de la Lettre apostolique *Ordinatio sacerdotalis* intéresse au plus haut point la question qui nous occupe depuis le début de ce chapitre, pour ne pas dire depuis le début de cet ouvrage. On y lit, en effet, les mots «cette position doit être définitivement tenue par

---

110. *DC*, 19 juin 1994, p. 552.
111. AAS 69 (1977) p. 98-116.
112. AAS 80 (1988), p. 1653-1729.

tous les fidèles de l'Église». Depuis que ces mots ont été employés pour dirimer un grand débat qui a cours dans l'Église, ils sont devenus l'objet de toutes sortes de réactions, d'exégèses, de commentaires et de considérations.

Quand on inscrit le paragraphe cité plus haut dans le cadre de l'enquête que nous menons dans cet ouvrage, on pourrait être tenté d'y voir une incarnation des difficultés que nous avons déjà relevées dans les pages précédentes. Peut-être faut-il résister à cette tentation et consentir plutôt à voir plus simplement ce cas comme une autre illustration d'un malaise plus général. La tentation de parler de manière «définitive» ou d'évoquer plus ou moins ouvertement l'infaillibilité ne s'est pas manifestée seulement dans l'enseignement sur la question de l'accès des femmes au sacerdoce. On a pu déceler quelque chose d'analogue dans l'enseignement sur certaines questions relatives à la vie, comme cela apparaît dans l'encyclique *Evangelium vitæ.* Mais nous nous contenterons d'examiner ici le cas de la Lettre apostolique *Ordinatio sacerdotalis.* Les problèmes qu'il pose sont déjà, à eux seuls, bien assez considérables!

La Lettre apostolique *Ordinatio sacerdotalis* a connu deux moments de réception. Une première fois, lors de sa publication en mai 1994. Elle était alors accompagnée d'une Note de présentation[113] et elle fit l'objet d'un commentaire du cardinal Ratzinger[114]. Une seconde fois, lors d'une intervention de la Congrégation pour la Doctrine de la foi en octobre 1995 en vue de clarifier le sens de certains aspects de la Lettre apostolique elle-même[115]. Cette intervention se présentait sous la forme d'une Réponse à une question adressée à la Congrégation par un évêque (*Responsio ad dubium*). Chacun de ces deux moments

113. *DC*, 19 juin 1994, p. 553.

114. Cf. *DC*, 3 juillet 1994, p. 611-615. Texte italien dans le *Bollettino* de la Salle de presse du Saint-Siège, n. 217, du 7 juin 1994.

115. Texte dans *DC*, 17 décembre 1995, p. 1079-1081. Textes en latin et italien pour la Réponse, en italien pour l'explicitation, dans l'*Osservatore romano* du 19 novembre 1995. Traduction de la *DC*.

est différent par les réactions qui furent suscitées et les difficultés qui furent soulevées. Comme il est normal qu'on considère désormais les choses dans les perspectives et les termes qu'impose la Réponse émanant de la Congrégation pour la Doctrine de la foi, il n'est pas nécessaire de décrire très longuement ni les problèmes qui furent soulevés lors de la parution de la Lettre apostolique ni les réactions que celle-ci a suscitées. Il faut quand même en dire un mot.

Dire que la réception de la Lettre apostolique fut difficile serait un euphémisme. Les évêques de Belgique, s'exprimant pour leur propre pays, ont parlé de désarroi[116]. Ce mot est juste et le désarroi dont ces évêques parlaient a certainement dépassé les frontières de la Belgique. Dans bien des milieux, on n'arrivait pas à comprendre qu'il puisse être légitime de régler avec une telle précipitation une question si importante, si lourde de signification et comportant tellement d'implications pour le présent et pour l'avenir de l'Église. D'autant plus que le débat et la réflexion étaient à peine amorcés.

On éprouvait énormément de difficulté également à concevoir qu'une doctrine d'une si grande portée puisse être imposée comme appartenant au dépôt de la foi sans que soient consultés les évêques, les théologiens et, d'une certaine manière, le peuple fidèle lui-même. Dans la revue *America,* Richard A. McCormick, s.j. a tenu à souligner cet aspect des choses en rappelant l'importante lettre que le cardinal Suenens écrivait à Paul VI en 1968 où l'on trouvait ces mots au sujet de la question de la contraception:

> Le fait majeur, dont il faut tenir compte dans l'Église d'aujourd'hui, c'est que l'adhésion à une décision est conditionnée, non par l'autorité juridique incontestée de celui qui la prend, mais par la «crédibilité» de cette autorité qui doit montrer que tous les «préalables» à cette décision ont

116. «Après *Ordinatio sacerdotalis*». Déclaration des évêques de Belgique, *DC* (1994), p. 738-739.

été respectés, et que les intéressés eux-mêmes — clergé ou fidèles — ont été entendus, d'une manière adéquate lorsqu'il s'agit de problèmes qui les touchent au vif.

Dans le même article[117], le moraliste américain rappelait également les paroles que le cardinal Robert Bellarmin écrivait au pape Clément VIII en 1601:

> Vous dites que la question appartient au domaine de la foi, mais s'il en est ainsi, cela concerne chacun... La question doit donc être discutée à la lumière du jour, et non pas secrètement, avec un petit groupe de conseillers.

On éprouvait des difficultés pour d'autres raisons encore. Plus profondes, s'il est possible. L'une concernait les fondements de la certitude sur laquelle on prétendait s'appuyer. Le Père Joseph Moingt écrivait:

> L'Église voit le Christ appeler des hommes *uniquement*, et les apôtres faire de même: elle ne le voit pas faire un choix entre hommes et femmes et *exclure* ces dernières d'une volonté délibérée et perpétuelle. D'où le saurait-elle, puisque aucun texte du Nouveau Testament ne notifie une telle interdiction? Nous la voyons ordonner des hommes *uniquement*, et nous disons que cette pratique exprime l'intention d'*exclure* à jamais les femmes de l'ordination sacerdotale. D'où le savons-nous, puisque l'Église ne le proclame pas dans sa prédication orale[118]?

On éprouvait encore la plus grande difficulté à comprendre ce que le mot «définitif» pouvait signifier dans le contexte où il était employé. On voyait bien que la Lettre apostolique réclamait un assentiment de foi devant un point de doctrine dont elle disait qu'il appartenait à la constitution divine même de l'Église.

117. «Two Letters and an Inference», dans *America*, 27 août 1994, p. 15s.

118. «Sur un débat clos», dans *Recherches de Sciences Religieuses* (1994), p. 327.

On constatait certes que le mot «définitif» était employé, qu'on soulignait le caractère irréformable, pour la suite des temps, de l'enseignement donné. Mais d'un autre côté on remarquait aussi qu'était absent le mot «infaillible», auquel le mot «définitif» est traditionnellement associé; et l'on notait les explications du cardinal Ratzinger soulignant que «le pape ne propose aucune nouvelle formule dogmatique, mais confirme une certitude, celle qui a été constamment vécue et affirmée dans l'Église[119]». Quel est alors le sens de ce «définitif»? Telle était bien la question que chacun se posait à la suite de la Lettre apostolique et des présentations qui en avaient été données. Quand on lit ne serait-ce qu'une partie de ce qui s'est écrit, on est frappé par la variété des réponses de toutes provenances.

Quelques-uns parmi les évêques et les cardinaux diront ouvertement qu'il s'agit bien d'une question qui doit être considérée comme tranchée pour toujours. D'autres le laisseront entendre sans le dire ouvertement, laissant de la sorte planer un flou assez caractéristique. D'autres personnes affirmeront simplement qu'on doit considérer cet enseignement comme irréformable pour la durée du présent pontificat, ce qui est une position fort minimaliste. D'autres diront que le pape *entend* lier ses successeurs, ce qui est déjà autre chose que de dire qu'il les liera *de fait* et qu'il les liera *de droit*. D'autres diront que ces successeurs devront à tout le moins tenir compte de la décision prise dans la Lettre apostolique. D'autres prédiront que cette Lettre apostolique connaîtra le même sort que la Constitution apostolique *Veterum sapientia*, dont chacun sait qu'elle a été oubliée en moins d'un an. D'autres se moqueront de l'idée même qu'un enseignement définitif et irrévocable puisse être contenu dans une simple lettre apostolique, intervention considérée comme encore moins décisive qu'une encyclique. D'autres insisteront sur le fait que ce qui n'est pas enseigné comme infaillible pourra être considéré

119. Cardinal Joseph Ratzinger, «Commentaire sur la Lettre *Ordinatio sacerdotalis*», *DC* (1994), p. 613.

plus tard comme réversible et révocable. D'autres rappelleront, sans doute avec un certain sourire, que beaucoup d'enseignements qui furent présentés à leur heure comme définitifs ont été modifiés et même renversés par la suite. D'autres estimeront que s'il s'agit d'un enseignement «définitif» mais non infaillible, nous sommes alors devant la sorte de cas dont traitait l'encyclique *Humani generis* dans ce texte bien connu du lecteur et que nous avons si souvent rappelé. Nous n'inventons rien en présentant cette liste. On trouve tout cela et plus encore dans les quelques dossiers que nous avons pu consulter.

On le constate, le malaise autour du «définitif», dont traite tout ce chapitre, était bien présent après la parution de la Lettre apostolique *Ordinatio sacerdotalis.* Faut-il voir dans ce malaise une sorte d'incarnation des tendances que nous avons remarquées dans la nouvelle Profession de foi et dans l'Instruction sur la vocation ecclésiale du théologien? Dans un article paru le 18 juin 1994 dans *The Tablet,* Francis Sullivan comparaît le langage de la Lettre à celui de la Profession de foi de 1989. Il soulignait que la Lettre apostolique réclame un assentiment entier et inconditionnel et qu'elle présente le point de doctrine en cause comme intimement relié à la Révélation, mais en faisant la distinction, tout comme dans la Profession de foi, entre «croire» et «tenir fermement». Observant à l'époque qu'il n'y avait pas d'évidence qu'il s'agissait d'un enseignement infaillible, il en concluait qu'il s'agissait d'une nouvelle manière d'exercer le magistère papal ordinaire, puisque jusqu'à présent le pape n'exerçait pas son magistère ordinaire d'une manière définitive et irréformable. Après avoir noté qu'on ne trouve aucun enseignement donné avec une telle autorité par le dernier concile, le théologien concluait que cette manière d'enseigner constituait quelque chose de tout à fait neuf et qu'on ne trouvait aucune base pour une telle sorte d'enseignement ni à Vatican I ni à Vatican II. Il ajoutait qu'il suffirait de faire un tout petit pas de plus pour affirmer que cet enseignement est infaillible. Il terminait ainsi: «*I am surprised that until now I have not seen any statement made to that effect.*» La déclaration qu'il semblait prévoir surviendra sous la forme d'une Réponse de la Congrégation pour la Doctrine de la foi, rédigée le 28 octobre 1995 et promulguée le 18 novembre de la même année. Compte tenu de son importance et de sa brièveté, peut-être est-il opportun de rappeler en entier cette réponse et son explication:

> *Question:* Doit-on considérer comme appartenant au dépôt de la foi la doctrine selon laquelle l'Église n'a pas le pouvoir de conférer l'ordination sacerdotale aux femmes, doctrine qui a été proposée par la Lettre apostolique «Ordinatio sacerdotalis» comme à tenir de manière définitive? *Réponse:* Affirmative.
>
> Cette doctrine exige un assentiment définitif parce qu'elle est fondée sur la Parole de Dieu écrite, qu'elle a été constamment conservée et mise en pratique dans la Tradition de l'Eglise depuis l'origine et qu'elle a été proposée infailliblement par le magistère ordinaire et universel (cf. Conc. Vatican II, Const. dogm. *Lumen gentium*, 25, 2). C'est pourquoi dans les circonstances actuelles, le Souverain Pontife, exerçant son ministère de confirmer ses frères (cf. *Lc* 22,32), a exprimé cette même doctrine sous forme d'une déclaration formelle qui affirme explicitement ce qui doit toujours être tenu, partout et par tous les fidèles, en tant que cela appartient au dépôt de la foi.

Il n'est pas exagéré de dire que cette intervention de la Congrégation pour la Doctrine de la Foi a suscité un nouvel étonnement et un malaise au moins aussi grand que celui qu'avait déjà provoqué la Lettre apostolique. La Réponse ne change pas tout, mais elle change beaucoup de choses et renouvelle toute la problématique. Il faut maintenant que nous nous y intéressions.

*
* *

Pour nous en tenir à l'essentiel et à ce qui nous concerne ici, deux grandes questions se posent après l'intervention du 28 octobre 1995 de la Congrégation pour la Doctrine de la foi. La première: quelle est l'autorité de la Réponse et quelle est l'autorité de la Lettre apostolique quand on lit cette dernière, comme il le faut bien désormais, en tenant compte de la Réponse? La seconde: peut-on dire et doit-on dire que l'enseignement selon lequel l'ordination sacerdotale doit être réservée aux hommes est infaillible dans les termes proposés par la Réponse?

Dans une courte note, Ladislas Örsy examine, du point de vue d'un canoniste, l'autorité et le sens de la Réponse de la Congrégation pour la Doctrine de la foi[120]. Concernant l'autorité de la Réponse, le canoniste rassemble les remarques suivantes. C'est bien la Congrégation et non le pape qui est responsable de la Réponse, puisque cette dernière n'a reçu du pape qu'une approbation ordinaire, appelée «*in forma communi*» dans le langage juridique. Par ailleurs, la Congrégation ne jouit pas du privilège de l'infaillibilité, puisque le charisme de l'infaillibilité pontificale n'est pas transmissible à un organisme du Saint-Siège. Enfin, un tel organisme ne peut, par lui-même, ajouter une autorité supplémentaire à un document pontifical.

Abordant la question du contenu du message, Ladislas Örsy tient à souligner que la Réponse comporte deux parties: la première est constituée par la formulation du doute à laquelle la Congrégation pour la Doctrine de la foi répond par l'affirmative, la seconde est faite de l'explication qui suit la Réponse. Le canoniste observe que, dans la première partie qui se trouve être la plus formelle, la Congrégation s'en tient strictement à la ter-

120. «The Congregation's "Response": Its Authority and Meaning», dans *America*, 9 décembre 1995, p. 4-5.

minologie de la Lettre apostolique: la Congrégation se contente de parler d'une doctrine à «tenir définitivement» ou à tenir comme «définitive», qui sont les termes mêmes de la Lettre apostolique. C'est dans l'explication seulement, observe-t-il, que la Congrégation pour la Doctrine de la foi va au delà de la Lettre apostolique en ajoutant qu'il s'agit d'une doctrine «proposée infailliblement par le magistère ordinaire et universel».

Ces diverses observations conduisent le canoniste à conclure que, tant du point de vue de l'autorité du document que de celui de son contenu, la Réponse de la Congrégation pour la Doctrine de la foi ne change rien et n'ajoute rien au contenu de la Lettre apostolique. Aussi peut-il terminer par ces mots:

> Tout compte fait, on peut conclure avec assurance que le message doctrinal de la Lettre apostolique demeure le même que ce qu'il était le jour de sa publication[121].

Le commentaire de Ladislas Örsy est marqué par une grande rigueur. Le canoniste applique à un cas particulier les règles générales d'interprétation. Il est difficile de contester la valeur de chacun des éléments de sa démarche et la valeur des conclusions auxquelles elle conduit. Pourtant, il est nécessaire d'ajouter ici quelques remarques.

L'ensemble du commentaire de Ladislas Örsy se situe exclusivement sur le plan formel. L'auteur fait complètement abstraction du contenu de la Lettre apostolique et des graves problèmes que ce contenu posait. Il applique les règles habituelles d'interprétation à ce cas particulier comme il le ferait à tout autre. Il en conclut que la Lettre apostolique reste en tous points ce qu'elle était avant la Réponse de la Congrégation pour la Doctrine de la foi, pour son autorité et pour son contenu. De cette manière, il libère complètement la Lettre apostolique et l'autorité du pape

---

121. «All counted, it is a sound conclusion that the doctrinal message of the apostolic letter remains the same as it was on the day of its publication.» (*Loc. cit.*, p. 5)

lui-même de toute référence à la doctrine de l'infaillibilité. Il est difficile de contester la légitimité de ce résultat, puisque le mot «infaillible» ne se trouve pas dans la Lettre et puisque la Réponse ne fait que le lui prêter. Ce résultat est également séduisant, car le mot «infaillible» est fort dangereux et il l'est spécialement, comme on le verra, quand on l'applique à la doctrine enseignée dans la Lettre apostolique.

Malheureusement, les choses ne sont ni si simples ni si attrayantes. Si la Lettre apostolique se présente après la Réponse comme elle était à l'origine, force est de reconnaître qu'on se retrouve alors devant toutes les ambiguïtés qui lui étaient inhérentes. Nous avons évoqué plus haut ces ambiguïtés. Joseph Moingt en signalait quelques-unes des plus troublantes dans son éditorial des *Recherches de Science Religieuse*[122]. Francis Sullivan en énumérait un plus grand nombre encore en les reliant à celles qu'on trouvait dans la Profession de foi de 1989, dans l'Instruction sur la vocation ecclésiale du théologien et même, plus avant, dans le Code de droit canonique[123]. Bref, si l'on s'en tient au commentaire clair et légitime de Ladislas Örsy, on est contraint de laisser toute la question dans l'état où elle était en 1994, c'est-à-dire dans un état qui sème la plus grande confusion, qui ne sert personne et dont l'objectif de ce chapitre est de contribuer à ce qu'on en sorte.

Comment en sortir? Par un moyen très simple: en reconnaissant que, même si ce fut par seulement une approbation *in forma communi*, le pape a vraiment donné son approbation à la Réponse de la Congrégation pour la Doctrine de la foi comme étant bien l'interprétation qu'il faut donner à sa Lettre de mai 1994. Reconnaître cela n'exige aucune contorsion de l'esprit et ne réclame pas davantage qu'on renonce aux acquis de l'étude fort rigoureuse, et juste par elle-même, de Ladislas Örsy. La

122. «Sur un débat clos», dans *Recherches de Science Religieuse*, (1994), p. 321-333.

123. «New Claims for the Pope», dans *The Tablet*, 18 juin 1994.

Réponse de la Congrégation reste une réponse de la Congrégation. On la lit sans prétendre qu'elle ajoute ni autorité nouvelle ni contenu nouveau à la Lettre. On la lit tout simplement comme une invitation de la Congrégation à comprendre le mot «définitif» et en général le langage très exigeant qu'on trouve dans la Lettre comme appartenant au langage de l'infaillibilité du magistère ordinaire universel.

Cette solution paraît préférable pour deux raisons. Elle évite de mettre en opposition le pape et la Congrégation dont il a approuvé, *in forma communi* il est vrai, l'intervention. Par dessus tout, en rétablissant le lien entre «enseignement définitif» et «enseignement infaillible», elle évite d'importer dans la solution d'un cas important pour la vie de l'Église la pensée et le vocabulaire douteux, pour ne pas dire davantage, qu'on avait rencontrés dans la Profession de foi de 1989 et dans l'Instruction sur la vocation ecclésiale du théologien. En matière d'enseignements définitifs et d'enseignements se réclamant de l'infaillibilité, le langage de la clarté est le seul qui soit acceptable. C'est aussi le seul qui soit garant d'une juste liberté.

*

* *

Une fois réalisée cette première clarification, il faut en entreprendre une autre. La Réponse de la Congrégation pour la Doctrine de la Foi comporte l'affirmation suivante:

> Cette doctrine exige un assentiment définitif parce qu'elle est fondée sur la Parole de Dieu écrite, qu'elle a été constamment conservée et mise en pratique dans la Tradition de l'Église depuis l'origine et qu'elle a été proposée infailliblement par le magistère ordinaire et universel (Cf. concile Vatican II, Constitution dogmatique *Lumen gentium,* 25, 2).

Nous nous intéresserons à la dernière partie de cette déclaration; c'est en elle qu'on trouve le mot «infailliblement». Elle oblige à lire d'une toute nouvelle manière la Lettre apostolique *Ordinatio sacerdotalis.*

Deux questions s'imposent à la suite de cette déclaration. Il importe de les bien distinguer. La première est la suivante: l'enseignement selon lequel l'ordination sacerdotale doit être réservée aux hommes devient-il infaillible du fait que la Congrégation dans sa Réponse et la Lettre apostolique du pape telle qu'interprétée par la Congrégation affirment qu'il est infaillible pour la raison évoquée dans la Réponse? Poser cette question, c'est poser la question de l'autorité doctrinale de la Réponse et de la Lettre apostolique. La seconde question porte sur le fond des choses: par delà l'enseignement de la Congrégation pour la Doctrine de la foi, cette doctrine a-t-elle été enseignée à travers les âges et est-elle enseignée présentement de manière à satisfaire aux critères qui permettraient d'affirmer qu'une doctrine a été «proposée infailliblement par le magistère ordinaire et universel»?

Il n'est pas nécessaire d'être long pour répondre à la première question. Il est bien certain que la Congrégation pour la Doctrine de la foi n'a pas d'autorité pour déclarer qu'un enseignement est infaillible et pour l'imposer comme tel. Pour ce qui concerne le pape, la réponse n'est pas difficile non plus. D'une part, le concile Vatican I a bien précisé que le Souverain Pontife seul ne jouit du charisme de l'infaillibilité que lorsqu'il parle «*ex cathedra*[124]». D'autre part, déjà en 1994, le cardinal Ratzinger affirmait clairement que la Lettre apostolique ne contenait pas un enseignement «*ex cathedra*[125]».

Après la Réponse de la Congrégation, nous sommes donc devant un enseignement non infaillible affirmant que la doctrine selon laquelle l'ordination sacerdotale doit être réservée aux hommes est un enseignement infaillible. Cela constitue un paradoxe, mais mineur seulement. Il est bien certain qu'un enseigne-

124. Constitution dogmatique *Pastor æternus*, chapitre IV.
125. *DC*, 3 juillet 1994, p. 613.

ment non infaillible du pape ou d'une congrégation ne peut, à lui seul et par sa seule autorité, en rendre un autre infaillible. Il faut donc vérifier si l'enseignement affirmant que l'ordination sacerdotale doit être réservée aux hommes «a été proposée infailliblement par le magistère ordinaire et universel». C'est une tâche que nous ne pouvons désormais éluder.

Francis Sullivan a fait remarquer qu'à sa connaissance c'est la première fois qu'un document officiel du Saint-Siège applique à un cas particulier la doctrine voulant que des enseignements qui n'ont jamais été définis d'une manière solennelle ont cependant été enseignés d'une manière infaillible par le magistère ordinaire universel[126]. Peut-être doit-on trouver là l'explication du fait qu'on n'a pas une grande expertise dans l'Église pour déterminer, puis appliquer, les critères permettant de découvrir ces cas.

La première et peut-être la plus essentielle démarche à faire consiste à bien préciser ces critères. L'affirmation de Vatican I sur notre sujet était fort brève; elle était même plutôt vague. On la trouve dans la Constitution *Dei Filius,* au chapitre III:

> Ajoutons qu'on doit croire de foi divine et catholique tout ce qui est contenu dans la parole de Dieu, écrite ou transmise par la Tradition, et que l'Église propose à croire comme divinement révélé, soit par un jugement solennel, soit par son magistère ordinaire et universel[127].

Dans sa Réponse de 1995, la Congrégation pour la Doctrine de la foi renvoie plutôt à Vatican II. Elle le fait avec raison, car le dernier concile a justement apporté sur ce sujet une précision fort importante, qu'on ne trouvait pas à Vatican I. Rappelons ce texte en soulignant les mots qui établissent cette précision:

---

126. «Guideposts From Catholic Tradition», dans *America,* décembre 1995, p. 6.

127. CO, II-2, p. 1641.

> Bien que les évêques, pris un à un, ne jouissent pas de la prérogative de l'infaillibilité, cependant quand, même en étant dispersés à travers le monde, mais gardant le lien de la communion entre eux et avec le successeur de Pierre, et enseignant authentiquement en matière de foi et de mœurs, ils s'accordent pour proposer une doctrine *comme devant être tenue définitivement*, alors ils énoncent de façon infaillible la doctrine du Christ. Cela est encore plus manifeste, lorsque, réunis en concile œcuménique, ils sont pour toute l'Église du Christ docteurs et juges de la foi et des mœurs, aux définitions desquels il faut adhérer par la soumission dans la foi[128].

Il est intéressant de noter que les mots «comme devant être tenue définitivement» n'étaient pas présents dans le schéma sur l'Église présenté aux Pères du concile Vatican II le 10 novembre 1962. Il ne seront pas présents non plus dans le nouveau schéma élaboré au début de 1963. Ils n'apparaîtront que plus tard dans le schéma de mars 1964, pour répondre aux demandes de quelques Pères, sans doute surtout Mgr Carli et Mgr Simons[129]. À la suite de Karl Rahner, Francis Sullivan insiste beaucoup sur cette précision apportée par Vatican II[130]. Elle est évidemment fort importante, car autrement on réfléchirait comme si les évêques pouvaient faire des dogmes sans s'en apercevoir. On sait que presque tous les enseignements de l'Église sont formulés ou rédigés, avec raison, en invoquant l'Évangile ou le contenu de la foi. On sait aussi la force de l'habitude et la propension qu'on trouve dans l'Église à reprendre, souvent sans nouvel examen, ce qui a été dit ou enseigné dans les époques précédentes. Chacun devrait donc être très conscient de l'extrême importance de

128. Cf. *Lumen gentium*, n° 25.

129. AS II, *Pars I*, p. 637 et 727.

130. Francis SULLIVAN, *Magisterium. Teaching Authority in the Catholic Church*, p. 122s.; Karl RAHNER, *Commentary of the Documents of Vatican II*, t. I, p. 210-211.

cette précision que nous devons à Vatican II. En plus de venir du dernier concile, ce premier critère permettant de vérifier si un enseignant du magistère ordinaire et universel est infaillible est probablement le plus décisif. Mais il en existe d'autres, qui sont importants eux aussi. Sans prétendre être exhaustif, essayons d'en énumérer quelques-uns.

Le Code de droit canonique a un canon qu'on ne doit jamais perdre de vue quand on parle d'infaillibilité: «Aucune doctrine ne doit être considérée comme définie d'une façon infaillible, à moins que ce ne soit manifeste[131].» Inutile d'insister sur le fait que ce canon s'applique quand on entreprend d'affirmer qu'une doctrine a été enseignée infailliblement au cours des âges. Chacun le sait et peut le constater: la tentation de voir des enseignements infaillibles et irrévocables sur un grand nombre de sujets est l'une des plus regrettables constantes de la pensée catholique, pour ne pas dire de l'enseignement du magistère lui-même. Si l'on veut prendre au sérieux le canon sus-mentionné du Code de droit canonique, il faut que personne dans l'Église n'affirme qu'une doctrine est infaillible en vertu du fait qu'elle a été enseignée par le magistère ordinaire et universel à moins que ce soit «manifestement certain». Pour que ce soit manifestement certain aux yeux de tous, ne faudrait-il pas, dans le monde où nous sommes, que l'ensemble de l'épiscopat se soit *très clairement* s'exprimé?

Un autre critère concerne non pas la forme de l'enseignement qu'on estime infaillible mais son contenu lui-même. On ne saurait parler d'infaillibilité que pour des questions tout à fait essentielles à la foi chrétienne et perçues comme telles. On a observé pendant des siècles la règle exigeant que les femmes restent voilées dans l'Église; il ne viendrait à l'esprit de personne d'en faire un dogme de foi. De la même manière, on peut se demander si certaines formes traditionnelles de la pratique

131. Canon 749, n. 3: «*Infallibiliter definita nulla intelligitur doctrina nisi id manifeste constiterit.*»

sacramentaire, fussent-elles vénérables, peuvent devenir l'objet d'un enseignement infaillible du seul fait qu'elles ont été longuement observées. Cette question des pratiques disciplinaires nous incite à profiter ici d'une précision proposée par Joseph Moingt[132]. Si l'on veut vraiment parler d'une *doctrine* infaillible, ne faut-il pas qu'il s'agisse d'une *vérité* et donc d'un enseignement, et non pas seulement d'une pratique, fût-elle dûment constatée? On devine l'intérêt de cette dernière remarque pour la question dont traite la Lettre apostolique sur l'ordination sacerdotale réservée aux hommes.

Ces divers critères montrent combien est d'utilisation délicate et difficile l'enseignement de Vatican I, précisé par Vatican II, reconnaissant la possibilité que des doctrines aient été enseignées d'une manière infaillible par le magistère ordinaire et universel. Il n'est pas étonnant qu'on ne trouve pas facilement de cas pour lesquels on l'aurait évoqué d'une façon expresse et explicite.

Ce n'est pas le propos de cet ouvrage de décider si la doctrine réservant l'ordination sacerdotale aux hommes a été enseignée dans le passé ancien et même dans le passé plus récent par le magistère ordinaire et universel d'une manière infaillible. Cependant, il appartient à cet ouvrage de signaler que si on le prétend, il faut démontrer que cet enseignement répond aux critères que nous venons de rappeler. Sans vouloir trancher la question et sans détourner cet ouvrage de son principal objectif, on nous permettra de remarquer que, de l'avis d'un grand nombre, cette démonstration est loin d'avoir été faite.

Francis Sullivan estime que les documents officiels de l'Église indiquent troies voies par lesquelles cette vérification pourrait être faite: une consultation universelle des évêques, le consensus universel des théologiens qu'évoquait la Lettre *Tuas libenter* de Pie IX, la commune adhésion des fidèles conformé-

132. «Sur un débat clos», dans *Recherches de Science Religieuse*, (1994), p. 321-333.

ment au Canon 750 du Code de droit canonique. Après avoir constaté que la Congrégation pour la Doctrine de la foi ne fait état d'aucune de ces vérifications et estimant sans doute que des résultats positifs ne sauraient être obtenus si l'on tentait d'explorer n'importe laquelle de ces voies, le théologien en conclut:

> *I do not see how it can be certain that this doctrine is taught infallibly by the ordinary and universal magisterium*[133].

Jusqu'à preuve du contraire, je partage volontiers cette conclusion et j'imagine que d'autres la partageront comme moi. En avons-nous le droit?

Ce chapitre a reçu pour titre «Malaises autour du "définitif"»; on aurait aussi bien pu l'intituler: «Malaises autour de l'"infaillible"». Tout au long, on s'y est promené entre ces deux termes, que la Congrégation pour la Doctrine de la foi n'aurait jamais dû dissocier. Nous avons pu observer diverses manifestations d'une sorte de malaise global. Avec la Lettre apostolique et la Réponse de la Congrégation pour la Doctrine de la foi, ce malaise connaît une sorte de paroxisme.

Une réponse de la Congrégation pour la Doctrine de la foi à un «*dubium*» nous dit que la doctrine selon laquelle l'ordination sacerdotale est réservée aux hommes est infaillible parce que la Lettre apostolique *Ordinatio sacerdotalis* nous dit que cette doctrine est infaillible parce que le magistère ordinaire et universel nous dit qu'elle l'est. Vraiment, nous avons un problème! Heureusement, il n'est pas insurmontable, à la condition de ne négliger aucun des mouvements de la gymnastique. À l'évidence, nous sommes devant un enseignement *non infaillible* qui enseigne quelque chose qu'on peut légitimement estimer incertain. Sommes-nous cependant au bout de nos peines? Pas tout à fait, car il y a aussi des malaises autour des enseignements non infaillibles ou «non définitifs». Nous aborderons ces derniers tout

133. «Guideposts From Catholic Tradition», dans *America*, 9 décembre 1995, p. 6.

de suite, réservant pour les conclusions générales de notre ouvrage les conclusions qu'on pourrait désirer au terme de ce chapitre. C'est que l'évaluation de l'étrange histoire post-conciliaire du «définitif» ne saurait être complètement comprise et donc évaluée sans tenir compte aussi de tout ce qui s'est dit ou ne s'est pas dit sur le «non-définitif».

2

Malaises autour du «non-définitif»

Comme on l'a vu dans la première partie de cet ouvrage, la Commission centrale du concile Vatican II a été, pour les évêques participants, l'occasion de dire le malaise qu'ils ressentaient devant la manière dont on définissait l'accueil à faire aux enseignements du magistère non infaillible, en particulier lorsqu'il s'agissait des enseignements du Souverain Pontife. Ils le firent surtout lors des échanges sur le Chapitre VII intitulé *De magisterio Ecclesiæ* du projet de Constitution dogmatique *De Ecclesia*. Ce chapitre comportait des passages traitant ce sujet d'une façon tout à fait explicite. La gêne des évêques tenait surtout au fait que le projet de schéma reprenait la formulation qu'on trouvait dans l'encyclique *Humani generis* de Pie XII[134].

134. AP II, IV, p. 621s.: «Si les Papes portent expressément dans leurs actes un jugement sur une matière qui était jusque-là controversée, tout le monde comprend que cette matière dans la pensée et la volonté des Souverains Pontifes n'est plus désormais à considérer comme question libre entre les théologiens.»

Sur le même sujet, il existe aussi dans l'Église post-conciliaire un malaise qui dure maintenant depuis plus de deux décennies, malaise plus grand encore que celui qu'évoquaient les évêques de la Commission centrale, puisqu'il résulte de reculs par rapport aux progrès réalisés à Vatican II, reculs s'exprimant d'ailleurs dans plus d'un document. Aussi l'Église devrait-elle en prendre acte et se demander si les formulations qui se sont succédé depuis la fin du concile ne devraient pas, elles aussi sinon elles plus encore, être remises en cause ou du moins améliorées. Le présent chapitre veut contribuer à la réflexion qui pourrait mener à ce résultat.

Depuis Vatican II, les documents officiels qui traitent de notre sujet se sont multipliés. La question revenait dans la Profession de foi de 1967[135]. Elle revient dans le Code de droit canonique de 1983, dans la Profession de foi de 1989[136], dans la Constitution apostolique *Sapientia christiana* de 1979 sur les Universités et Facultés ecclésiastiques[137]. Elle a été abordée dans ce qu'on a appelé «l'Affaire Curran» qui suscita un si grand scandale dans les milieux intellectuels américains et ailleurs[138]. Elle le fut également en 1990 dans l'Instruction de la Congrégation pour la Doctrine de la foi sur la mission ecclésiale des théologiens, dans la Constitution apostolique *Ex corde Ecclesiæ*[139] de 1990 sur l'Université catholique, dans l'encyclique *Veritatis splendor*[140], dans de nombreuses allocutions du Souverain Pontife. À la différence des Pères de la Commission centrale, qui

135. AAS (1967), p. 1058. Traduction française dans *DC* (1967), p. 1486.

136. AAS, 9 janvier 1989, p. 104-106 et 19 septembre 1989, p. 1169. Traduction française dans *DC* (1989), p. 378-379.

137. *Sapientia christiana*, AAS (1979), p. 469-499; traduction française dans *DC* (1979), p. 551-568.

138. Pour tout le Dossier Curran, voir Charles CURRAN, *Faithful Dissent*, Sheed and Ward, 1986, 287 p.

139. AAS (1990), p. 1475-1509; traduction française dans *DC* (1990), p. 934-935.

140. AAS (1993), p. 1133-1228.

étaient placés devant un unique texte, nous sommes placés, dans l'après-Concile, devant un grand nombre de documents ayant chacun une portée différente. Notre tâche sera donc beaucoup moins simple. Elle ne s'en impose pas moins.

Nous accorderons une attention particulière à la Profession de foi de 1989, au nouveau Code de droit canonique, aux documents relatifs à l'Affaire Curran, à l'Instruction sur la mission ecclésiale du théologien. Ces choix ne sont pas arbitraires. Chacun de ces documents a son importance, son rôle et son intérêt propres.

Lors de l'élaboration de la Profession de foi de 1989, on a eu l'audace sinon la témérité d'introduire en celle-ci un paragraphe où se trouve défini l'accueil qu'on doit réserver à un enseignement non infaillible et non «définitif». À lui seul, ce geste était une grande nouveauté. La nouveauté de la formule elle-même qu'on a employée pour décrire l'accueil à donner n'est pas moindre. Nous serons donc obligés, encore une fois, d'examiner avec soin ce qu'on a ainsi concocté.

En examinant les articles pertinents du nouveau Code de droit canonique, nous avons pu constater avec d'autres que le dernier Code est peu compatible avec l'enseignement conciliaire sur le sujet qui nous retiendra dans ce chapitre. Bien plus, nous découvrons qu'il est moins respectueux de la juste liberté de la pensée dans la foi et dans l'Église que l'ancien Code lui-même. Ce sont là, on en conviendra, des constatations qu'il nous faut également examiner avec soin.

La place que nous accorderons aux documents relatifs à l'Affaire Curran pourrait surprendre à première vue. Pourtant, cette affaire est pleine d'enseignements pour les questions que nous aborderons puisqu'on y voit appliquées la pensée et la discipline que la Congrégation pour la Doctrine de la foi introduira dans la nouvelle Profession de foi en 1989 et qui avaient été introduites dans le nouveau Code de droit canonique en 1983. En un sens, rien n'informe autant sur la portée des lois que les applications qu'on en fait. En faisant une place à l'Affaire

Curran dans notre réflexion, nous rejoindrons ce qui est très concrètement vécu dans l'Église.

Nous accorderons une place importante à l'Instruction sur la mission ecclésiale du théologien parce que c'est dans celle-ci que la pensée de la Congrégation pour la Doctrine de la foi se déploie le plus longuement. L'après-Concile a été très marqué par une grande et durable controverse autour de la question du dissentiment. Beaucoup de documents en parlent, mais c'est l'Instruction qui nous livre le mieux, si l'on peut dire, la pensée de la Congrégation.

La lecture de tous ces textes pourrait entraîner une certaine dissipation de l'esprit. Mais notre réflexion sera guidée par des questions précises. Nous nous demanderons, en tout premier lieu, si les formules nouvelles par lesquelles est décrit l'accueil qu'on doit faire au magistère authentique non infaillible sont bien fidèles à la pensée de Vatican II. Pour cela, bien sûr, l'enquête menée dans la première partie de cet ouvrage nous servira de référence. Nous nous demanderons si ces formules nouvelles sont aussi ouvertes ou plus fermées que celles que le concile avait, à sa manière, élaborées. Nous nous demanderons si ces formules sont ou non un retour à la pensée exprimée dans l'encyclique *Humani generis* et même peut-être à l'équivalent de la formule que cette encyclique utilisait. Nous n'hésiterons pas à nous demander si ces formules nouvelles servent bien l'Église et s'il n'y aurait pas lieu de les modifier ou de les améliorer. Si c'est le cas, nous essayerons de découvrir comment on pourrait le faire. Programme ambitieux, sans contredit. Au terme, on voudra un bilan. Nous le garderons pour la conclusion générale de cet ouvrage.

La Profession de foi de 1989

Du point de vue chronologique, la Profession de foi de 1989 n'est pas le premier document post-conciliaire qui traite de la question qui nous occupe dans ce chapitre. Nous lui accorderons quand même priorité ici.

Plusieurs raisons nous invitent à le faire. Une profession de foi est un document particulièrement autorisé, solennel, «sacré» même, pourrait-on dire. Elle concerne d'une manière étroite les gens qui ont à la prononcer, puisqu'elle engage le plus intime d'eux-mêmes. Elle signifie pour chacun plus que tel ou tel discours qu'on a le droit de ne pas avoir écouté ou de ne pas avoir lu; plus même que les articles du Code de droit canonique: après tout, on ne professe pas ces derniers. Pour ce qui est de la Profession de 1989, elle a suscité des remous comme on n'en avait pas connus depuis longtemps autour d'un tel genre de document. Des groupes entiers de théologiens ont fait connaître leur étonnement et signalé les difficultés que la nouvelle formule leur paraissait engendrer ou susciter[141]. Enfin, cette Profession de foi est particulièrement significative du tournant pris au cours des dernières décennies relativement à la question qui nous occupe dans ce chapitre.

La Profession de foi de 1989 aborde cette question dans le quatrième paragraphe. Contrairement au troisième, celui-ci identifie clairement la sorte d'enseignements dont il traite. Il s'agit des enseignements du magistère qui ne sont pas donnés par un acte infaillible, en tout cas qui ne sont pas donnés comme définitifs. Aussi peut-on dire qu'avec ce paragraphe nous avons la réponse post-conciliaire la plus autorisée à la question qu'on se posait au concile concernant l'accueil qu'il faut donner à cette sorte d'enseignements. Il tient en quelques lignes:

> Tout particulièrement avec un respect religieux de la volonté et de l'intellect, j'adhère aux doctrines énoncées par le Pontife Romain ou par le Collège des Évêques lorsqu'ils exercent le magistère authentique, même s'ils n'entendent pas les proclamer par un acte définitif.

141. Voir en particulier: *Report of the Catholic Theological Society of America Committee on the Profession of Faith and the Oath of Fidelity*, avril 1990, 133 p.

Essayer de comprendre un texte pareil inséré dans une profession de foi pose un problème assez particulier. Dans quelle mesure le fait qu'il se trouve dans une profession de foi modifie-t-il le sens à lui donner? Dans quelle mesure, à l'inverse, ce texte modifie-t-il la notion même de profession de foi? Double problème engendré par une déconcertante mais inévitable réciprocité des termes. On pourrait sentir la nécessité d'examiner d'abord séparément le contenu de ce paragraphe pour ne poser qu'ensuite la question de la légitimité ou de la pertinence de son insertion dans la Profession de foi. Mais nous sommes tellement étonnés dès le premier instant par l'idée même qu'un paragraphe abordant ces choses apparaisse dans une profession de foi que nous laisserons à cet étonnement la chance de s'exprimer avant toute autre chose.

Les échanges du 9 novembre 1961 de la Commission centrale de Vatican II ont manifesté un certain nombre de choses, comme nous l'avons assez montré dans le premier chapitre de cet ouvrage[142]. Les membres de cette commission demandaient l'exclusion de tel ou tel point de doctrine parce que ceux-ci n'avaient pas la certitude requise pour être inscrits dans une profession de foi. Ils exigeaient que la Profession ne contienne que des doctrines réclamant une adhésion de foi et qu'on évite toute référence à des encycliques. S'il est une chose qui se dégage avec évidence du procès-verbal de leur assemblée, c'est bien qu'on devrait s'abstenir d'inclure dans une profession de foi le rappel de doctrines qui ne se conformeraient pas à ces critères. Bref, ils souhaitaient que la Profession de foi soit une profession de foi et ne soit rien d'autre.

La Profession de 1989 construit un univers tout différent, dont il n'est pas exagéré de dire qu'il est l'antithèse absolue de celui souhaité en 1961. Il est difficile de s'opposer davantage à ce qui se dégageait des échanges d'alors qu'en rédigeant la Profession de foi de manière à ce qu'elle concerne non pas seule-

142. AP II, I, p. 495s.

ment l'un ou l'autre enseignement non infaillible, le contenu de l'une ou l'autre encyclique, mais tous les enseignements non infaillibles du magistère du Souverain Pontife ou du Collège des évêques. Et naturellement *toutes* les encycliques!

Bien sûr, les intentions en 1989 n'étaient aucunement pernicieuses. On voulait probablement tout simplement profiter de la Profession de foi pour rappeler la doctrine de l'accueil à donner aux enseignements non infaillibles. Et l'on nous dira que le paragraphe ajouté a été rédigé pour qu'on le comprenne bien. Il ne comporte pas les mots «Je crois» mais seulement les mots «J'adhère de plus avec un respect religieux de la volonté et de l'intelligence». Le souci qu'on avait de ne pas oublier ces nuances est d'ailleurs apparent dans l'article que le P. Umberto Betti publiait dans l'*Osservatore romano* le jour même où le texte de la Profession de foi fut rendu public dans le même journal[143]. Tout cela ne nous détournera cependant pas de porter un jugement très sévère sur l'idée même d'insérer un paragraphe de cette nature dans une profession de foi.

Les Pères de la Commission centrale qui se sont opposés au projet de profession qui leur était présenté avaient raison d'exiger que la Profession ne puisse contenir que des doctrines qu'on doit considérer comme des dogmes de foi. Ils voulaient que, dans la Profession de foi, on puisse dire d'un bout à l'autre: «Je crois»; d'un ton ferme et sans arrière-pensée. Ils voulaient que, dans la profession de foi, on s'en remette à Dieu: «Je crois en Dieu»; sans réticence et sans réserve, parce que Dieu ne peut se tromper ni tromper. Il ne leur faisait rien que la Profession de foi ne contienne pas tous les enseignements de l'Église; il leur suffisait qu'elle contienne la quintessence de la Parole de Dieu lui-même. Ils voulaient une profession de foi nette, visant des contenus qui resteront toujours mystérieux, mais qui ne sauraient faire l'objet de doutes ou de divergences d'avis.

143. Texte latin et italien dans l'*Osservatore romano* du 25 février; traduction pour l'italien et note de la *Documentation catholique*, 1989, n. 1982, p. 378-379.

Dans une profession de foi chrétienne, on peut dire et on doit dire: je crois en Dieu. On peut dire et on doit dire: je crois à la résurrection des morts, à la vie éternelle, à l'Église comme corps du Christ et communauté de salut. On ne peut pas dire, on ne doit pas dire: je crois *en* l'Église[144]. Parce que l'Église peut se tromper et peut, en conséquence, tromper. La conviction qu'on ne doit pas franchir ce pas est constante à travers les siècles et dans les témoignages les plus variés. Le Père de Lubac écrira: «Il y a là plus qu'un détail, plus qu'une nuance. Dans la plénitude de l'expression, en effet, nous ne croyons et ne pouvons croire qu'en Dieu seul, Père, Fils et Saint-Esprit[145].» Croire *en* l'Église ou *en* son magistère n'a aucun sens chrétien acceptable. C'est pourquoi on ne peut demander dans une profession de foi d'adhérer à tout ce qu'enseigne le magistère de l'Église, sans spécifier que ce tout doit être la Parole de Dieu elle-même, dûment et irrévocablement certifiée, et *elle seule.*

Ce qui choque dans l'idée d'insérer d'une quelconque manière les enseignements non infaillibles de l'Église dans une profession de foi, c'est qu'on avilit par là la profession de foi elle-même et qu'on dévalue sa haute signification. C'est aussi qu'on donne à des enseignements réformables, éventuellement provisoires ou même tout simplement erronés, une place et une sorte de prestige qu'ils ne méritent pas. À ce jeu, rien ni personne n'y gagne. Ni le magistère de l'Église, qui y perd de sa nécessaire modestie en même temps que son véritable prestige; ni les fidèles, qui n'y comprendront plus guère; ni les dogmes, qui sont placés dans un voisinage douteux; ni les enseignements réformables, qui ne pourront que plus difficilement être corrigés.

Sans même avoir encore fait l'analyse détaillée de son contenu et sur la seule base de ce qu'est une profession de foi, nous pouvons donc déjà conclure: si, comme nous l'avons vu dans le

144. Sur ce point, voir Henri DE LUBAC, *Méditations sur l'Église,* Aubier, 1989, p. 20s.; voir également, du même: *La foi chrétienne. Essai sur la structure du Symbole des Apôtres,* Aubier, 1969, p. 130s.

145. *Ibid.*, p. 22.

chapitre précédent, le troisième paragraphe de la profession de 1989 ne saurait avoir sa place nulle part à cause de toutes les ambiguïtés dont il est marqué, le quatrième paragraphe, lui, n'a pas sa place dans une profession de foi. C'est également à cette conclusion que parvenait Ladislas Örsy dans son excellente étude sur la Profession de foi de 1989[146]. Ce dernier ajoutait qu'il ne connaissait pas de précédent à la formule employée dans la nouvelle Profession de foi. Il considérait celle-ci comme une nouveauté, et une nouveauté dangereuse. Elle peut conduire à des situations malheureuses: des propositions non infaillibles peuvent être perçues comme aussi importantes que des dogmes de foi. Ce qui amenait le canoniste à affirmer qu'une déclaration comme celle qu'on trouve dans le quatrième paragraphe de la Profession de foi de 1989 devrait être entièrement séparée de la Profession de foi, devrait être appelée plus simplement une «déclaration», et devrait être insérée ailleurs. Ce serait, à mon sens, la conclusion qui s'imposerait, à supposer que le texte du quatrième paragraphe le mérite. C'est ce que nous devons maintenant examiner.

*

* *

> Tout particulièrement avec un respect religieux de la volonté et de l'intellect, j'adhère aux doctrines énoncées par le Pontife Romain ou par le Collège des Évêques lorsqu'ils exercent le magistère authentique, même s'ils n'entendent pas les proclamer par un acte définitif.

Tel est le dernier paragraphe de la Profession de foi de 1989 que nous devrons maintenant considérer longuement. Mais avant même qu'il entreprenne la lecture des pages qui vont suivre, il

146. Ladislas Örsy, *The Profession of Faith and the Oath of Fidelity. A Theological and Canonical Analysis*, Michael Glazier, Wilmington, Delaware, p. 32-33.

me faut demander au lecteur de me pardonner. Ce qu'il va lire pourra le rebuter, lui paraître à bon droit onéreux et même fastidieux. La poésie ni même la plus simple fantaisie ne sont guère de mise et n'ont pas de place dans un exposé qui essaye de bien comprendre la portée d'un pareil texte et de l'évaluer. Pour être honnête, valable et utile, l'analyse doit être méticuleuse et, autant que possible, ne rien oublier, ne rien majorer, ne rien trahir. On pourra trouver qu'il m'aura fallu beaucoup de pages pour interpréter et évaluer un texte qui compte, en latin, vingt-sept mots. Mais ces mots sont lourds de sens et ils sont inscrits dans un document dont le caractère est solennel et pour ainsi dire sacré.

C'est cette solennité, d'ailleurs, qui invite à s'y attacher d'une façon toute spéciale plutôt qu'à tant d'autres documents du magistère qui ont abordé la question de l'accueil à faire aux enseignements non infaillibles du magistère. Depuis Vatican II, ces autres documents ne manquent pas, nous l'avons déjà noté. D'aucuns ont entrepris la tâche de comparer les rédactions de ces divers documents et de suivre le va-et-vient des mots, assez souvent les mêmes, mais souvent subtilement modifiés par des contextes différents. Mon propos n'est pas d'ajouter à ces études. Je veux prendre ce texte de la Profession de foi de 1989 comme le concentré des autres formulations. De toutes, en effet, celle de la Profession de foi actuellement en vigueur dans l'Église est la plus solennelle et donc, à ce titre, la plus importante. En elle s'expriment de la façon la plus patente les malaises vécus dans les années post-conciliaires autour de la question de l'accueil à faire aux enseignements non infaillibles du magistère. Si onéreux qu'il soit, notre travail ne sera pas inutile s'il nous permet de mettre le doigt sur la nature de ces malaises, sur leurs causes, et s'il peut nous conduire à proposer utilement quelques suggestions en vue de surmonter les difficultés que l'Église rencontre manifestement quand elle aborde ce difficile sujet.

Intéressons-nous d'abord au premier mot de ce quatrième paragraphe, auquel il est bon de nous arrêter un petit instant.

Insuper, tel est le mot latin. On peut le traduire en français par «de plus» ou encore par «tout particulièrement». Cette dernière formule apparaissait dans la traduction qu'on pouvait lire dans la *Documentation catholique*[147]. Sous des aspects anodins, les deux traductions portent chacune un sens bien différent. Dans le contexte général de la Profession de foi de 1989, le «tout particulièrement» du quatrième paragraphe est plutôt saugrenu. Il serait *particulièrement* étrange qu'il soit demandé dans une profession de foi d'*adhérer tout particulièrement* aux enseignements non infaillibles et par là révocables du magistère! Mais qu'il soit traduit par «tout particulièrement» ou simplement par «de plus», le mot *insuper* insère bien le quatrième paragraphe dans la logique de l'ensemble et de ce qui est initié dès le début. Ce paragraphe fait bien partie de la Profession de foi.

Au premier regard, l'ensemble de ce paragraphe peut sembler familier. Pourtant, la formulation qu'on trouve dans les 27 mots qui le composent est en elle-même tout à fait nouvelle et ne se retrouve nulle part, ni dans le texte conciliaire, ni dans la Profession de foi de 1967, ni dans le paragraphe de la Profession personnelle de Paul VI qui traite de notre question, ni même dans le Code de droit canonique de 1983. À lui seul, ce fait pose question. Peut-on légitimement insérer dans une nouvelle profession de foi un texte qui n'est apparu nulle part ailleurs, qui n'a pas fait l'objet d'une large consultation et qui diffère même, parfois d'une façon tout à fait notable et importante, de toutes les autres formulations antérieures connues? Voyons un peu plus en détail.

La première chose qui frappe, c'est que le texte est rédigé de manière à ce que l'accueil à donner soit en tout premier lieu caractérisé par l'*assentiment*. Cet aspect des choses n'est pas particulier à cette rédaction: on le retrouve au contraire dans chacune des autres formulations. Il y a là une constante particulièrement frappante. Nous aborderons plus loin les problèmes

147. *DC* (1989), n. 1982, col. 378-379.

qu'elle pose. Ce qu'il importe surtout de noter ici, c'est que la demande de donner son assentiment n'est qualifiée par aucune clause qui en limiterait le caractère absolu ou impératif. Dans la première partie de cet ouvrage, nous avons vu l'importance que prenaient les mots limitant ce caractère absolu dans la formulation conciliaire qu'on trouve au nº 25 de *Lumen gentium.* Tout cela est oublié dans la Profession de foi de 1989. Le lecteur y est placé, plus que jamais, devant une obligation qui ne semble tolérer aucune limitation.

Dans son allusion à la Profession de foi promulguée par la Congrégation pour la Doctrine de la foi et approuvée par Paul VI en 1967, le Père Umberto Betti la résume en la tronquant. Il écrit en effet, parlant du paragraphe qui accompagnait, dans cette profession, le Symbole de Nicée-Constantinople:

> Tout le reste a été condensé dans l'affirmation que l'on accepte et tient fermement tout ce qui, concernant la doctrine sur la foi et les mœurs, a été défini par l'Église en un jugement solennel, ou a été affirmé et déclaré par son Magistère ordinaire, tout spécialement en ce qui touche le mystère de l'Église, les sacrements, le sacrifice de la messe et le primat du Pontife romain[148].

La vérité est que le texte de la Profession de foi de 1967 se lit comme suit:

> Fermement aussi, j'adhère et je reste attaché à toutes et à chacune des choses concernant la doctrine de la foi et des mœurs, tant celles qui sont définies solennellement par l'Église que celles qui sont affirmées et proclamées par son magistère ordinaire, *telles qu'elles sont proposées par l'Église,* particulièrement en ce qui concerne le mystère de la Sainte Église du Christ, ses sacrements, le sacrifice de la messe et la primauté du Pontife romain[149]. (Les italiques sont de nous.)

148. *DC* (1989), p. 379-380.
149. *DC* (1967), p. 1487-1488; AAS (1967), p. 1058.

Il n'est pas question de relever ici cette négligence du théologien romain pour le simple plaisir de le faire. Des choses essentielles sont en jeu. Dans son commentaire de la Profession de 1989, le P. Ladislas Örsy souligne l'importance des mots *«telles qu'elles sont proposées par l'Église»*, qui se trouvent maintenant omis. Ce sont eux qui donnaient au texte de Paul VI son bel équilibre. Voici ce qu'écrit Ladislas Örsy:

> «[...] *as they are proposed* [...]»: a short clause that could easily be glossed over, although it is the vital part that holds the whole of the declaration in beautiful balance. The one to whom this profession is tendered is asked to make the same commitment that the magisterium has made, unconditional in the case of an infallible definition, conditioned on the possibility of further insights into the mysteries in the case of a non-infallible proclamation[150].

Le Code de droit canonique et bien d'autres textes omettent eux aussi ce genre de clause qui introduisait dans la formule de 1967 un «bel équilibre». En employant les mots «beautiful balance», le P. Örsy exagérait un peu. Dire «un certain équilibre» serait plus juste. Mais n'anticipons pas. Il est en tout cas certain, quand une clause comme celle-là disparaît, qu'il n'y a plus d'équilibre du tout. Nous avons donc déjà trouvé un vice majeur par lequel le sens du texte voté au concile Vatican II (*Lumen gentium*, n° 25) se trouve trahi, comme est trahi aussi le sens de la formule approuvée par Paul VI en 1967.

Le troisième paragraphe de la Profession de foi de 1989 comporte la précision «en matière de foi et de mœurs». On y lit en effet: «J'embrasse aussi fermement et je retiens pour vrai tout ce qui concerne la doctrine de la foi ou la morale et qui est proposé par cette même doctrine de façon définitive.» Le

150. Ladislas Örsy, *The Profession of Faith and the Oath of Fidelity*, p. 15, note 9.

quatrième paragraphe, au contraire, ne comporte pas cette limitation. Quelques remarques peuvent être faites ici sur ce point.

On pourra dire que ces mots limitatifs sont évidemment sous-entendus. Peut-être. Mais voilà encore une clause limitative qu'on oublie de rappeler et il faut bien admettre que le quatrième paragraphe est susceptible d'être lu et répété d'une façon autonome. Heureusement que l'article 752 du nouveau Code de droit canonique contient, lui, cette limitation, comme la contenait aussi la Profession de foi de 1967. Comment expliquer qu'on n'ait pas senti le besoin d'utiliser, pour la Profession de foi de 1989, une formule consacrée qui avait été reprise par le Code lui-même? Délestée de cette formule traditionnelle, la rédaction du quatrième paragraphe devient particulièrement englobante. Elle l'est au point qu'il est difficile de demander un assentiment de l'intelligence et de la volonté couvrant un champ d'enseignements plus étendu! Si on le prend à la lettre le quatrième paragraphe demande qu'on adhère à *tous* les enseignements du magistère du Souverain Pontife ou du Collège des évêques.

L'insertion de ces mots traditionnels ne serait pas sans signification. Elle donnerait à la formule du quatrième paragraphe un peu de cet appui que doit avoir dans la tradition ce qu'on insère dans une profession de foi. Elle permettrait d'étendre aux enseignements non infaillibles la limitation qu'on avait jugée opportune au moment où l'on avait voulu déterminer l'objet des enseignements infaillibles.

En lisant et relisant le quatrième paragraphe de la Profession de foi, nous sommes frappés par le point suivant. Parlant de l'enseignement du magistère authentique non infaillible (*«non définitif»*), il ne renvoie qu'à celui du Souverain Pontife et à celui du Collège des évêques. Toutes sortes de raisons invitent à accorder à ce fait un peu d'attention.

Abordant la question de l'accueil à faire à l'enseignement du magistère non infaillible, le n° 25 de *Lumen gentium* faisait place à l'enseignement de chacun des évêques. Il convient de rappeler ici de quelle manière:

> Les évêques qui enseignent en communion avec le Pontife romain ont droit, de la part de tous, au respect qui convient à des témoins de la vérité divine et catholique; les fidèles doivent s'attacher (*adhærere*) à la pensée que leur évêque exprime, au nom du Christ, en matière de foi et de mœurs, et ils doivent leur donner l'assentiment religieux de leur esprit. Cet assentiment religieux de la volonté et de l'intelligence est dû, à un titre singulier, au magistère authentique du Souverain Pontife, même lorsque celui-ci ne parle pas *ex cathedra...*

Bien qu'elle utilisât une formule un peu différente, la Profession de foi de 1967 ne comportait pas non plus cette limitation au Collège des évêques qu'on trouve désormais. Force nous est donc de constater que la formule de 1989 n'est conforme ni à la manière de traiter la question au concile, ni à celle de la Profession de foi de 1967. Sur ce point encore, nous sommes placés devant une rédaction qui n'a pas d'appui traditionnel important. L'article 752 du Code de droit canonique restreignait lui aussi la demande d'assentiment aux enseignements du Souverain Pontife et au Collège des évêques. Mais il serait bien difficile de reconnaître un caractère traditionnel à ce qui n'est apparu que six ans avant la Profession de foi de 1989 et dans un Code promulgué sous le même pontificat.

Il est assez facile de comprendre ce qui a pu pousser les rédacteurs de l'article 752 à restreindre aux deux cas mentionnés l'obligation d'adhérer aux enseignements non infaillibles. Un article du Code peut être brandi. Et une infraction à l'article 752 est de fait susceptible d'une peine prévue par le Code. Un souci semblable a pu inspirer les rédacteurs de la Profession de foi de 1989. Et il est vrai, en effet, qu'il serait assez difficile d'engager chacun, *dans une profession de foi*, à soumettre sa volonté et son intelligence à tout ce que son évêque enseigne. Ce qui montre qu'il n'est pas facile de rendre avec finesse dans un code de droit canonique et dans une profession de foi la pensée d'un concile sur un sujet aussi complexe. Toutefois, qu'on ait eu le souci de ne pas étendre jusqu'à l'absurde, dans une confession de foi, l'obligation d'adhérer à tout l'enseignement de chacun des évêques, voilà une chose dont on peut se réjouir!

Par ailleurs pourtant, la rédaction du quatrième paragraphe entraîne une conséquence qui ne devrait pas échapper. Tout porte à croire que l'expression «le Collège des évêques» veut signifier «les évêques en concile»: on a répété tant de fois que c'est seulement en concile que les évêques posent des actes collégiaux au sens le plus strict du terme. De sorte que, mis à part le cas des conciles, ce sont seulement les enseignements du Souverain Pontife qui sont visés dans notre paragraphe. Que, de cette manière, l'équilibre de la pensée du n° 25 de *Lumen gentium* se trouve brisé, voire perdu, cela ressort à l'évidence. La nouvelle Profession de foi invite à n'appliquer le devoir de soumission de l'intelligence et de la volonté qu'au Souverain Pontife. L'enseignement des évêques s'est subtilisé. N'applaudiront que ceux qui n'ont qu'une conception fort étriquée de l'exercice du magistère dans l'Église. Seront fort mal à l'aise, au contraire, ceux qui ne parviennent très souvent à se réconcilier avec l'enseignement de l'Église «officielle» que par les courageuses interventions de leur propre évêque ou même de tel ou tel évêque d'un autre diocèse venant compléter ou nuancer l'enseignement romain. L'aventure de l'encyclique *Humanæ vitæ* pourrait fournir ici un excellent exemple. Faut-il accepter l'enseignement du pape seul, sous prétexte que les enseignements des autres évêques ne peuvent être considérés ou sous prétexte que les enseignements des conférences épiscopales ne peuvent pas être tenus pour de véritables enseignements collégiaux? On voit tout ce qui se cache sous les 27 mots du dernier paragraphe de la Profession de foi, même là où certaines intentions pourraient avoir été excellentes. Pour l'aspect que nous venons d'aborder, la question se pose: choisirons-nous la rédaction de Vatican II ou celle du dernier effort de la Congrégation pour la Doctrine de la foi?

Reste à aborder les mots fameux: j'adhère «*religioso voluntatis et intellectus obsequio*». Je les rapporte en latin, parce que voilà maintenant trente ans qu'on peine à les traduire dans les diverses langues et, les ayant traduits, à les interpréter. Ces mots sont tirés, eux, de Vatican II. Il faudrait consacrer un ouvrage entier à ces simples mots pour tenir compte de tout ce qui s'est écrit autour d'eux. On pourrait intituler cet ouvrage: la quête de l'*obsequium*. Tous ces efforts pour traduire et comprendre sont respectables, mais je n'ajouterai pas ici une autre tentative de traduction. Je ne désire pas non plus évaluer chacune des tentatives d'interprétation, ni même ajouter à celles-ci la mienne propre. Je signalerai simplement certaines choses. Dans la Profession de foi, ces mots précèdent et donc accompagnent le mot «j'adhère» (*adhæreo*). La même sorte d'usage se trouve dans le n° 25 de *Lumen gentium*. Par eux-mêmes, les mots «*religioso voluntatis et intellectus obsequio*» peuvent être compris comme essayant de qualifier la sorte d'adhésion demandée. Pour découvrir qu'ils n'y ont qu'imparfaitement réussi, il suffit de lire l'abondante exégèse qui s'attache à eux désormais.

Toutes les réflexions que nous avons rassemblées nous permettent maintenant de conclure. Le Père Betti parlait de la formulation que proposait la Congrégation pour la Doctrine de la foi en 1967 comme d'une «tentative». Il conviendrait bien davantage de qualifier de cette manière celle qu'on trouve dans la Profession de foi de 1989. La formule que nous lisons dans le dernier paragraphe de cette profession veut dire l'accueil à faire à l'enseignement non infaillible du magistère. Cette formule le décrit d'une façon absolue, ambiguë pour plus d'une raison, pleine d'obscurité, négligeant des aspects essentiels de la pensée de Vatican II, ne pouvant se réclamer d'aucune tradition, susceptible de toutes sortes d'interprétations inacceptables. Pour toutes ces raisons, cette formule en est une qu'on ne saurait imposer en aucune circonstance, pas même dans une simple déclaration qu'on demanderait de faire à ceux qui assument dans l'Église une charge officielle. On ne saurait encore moins l'imposer aux évêques eux-mêmes. Si donc, comme nous l'avons montré, l'idée même d'inclure dans une profession de foi un engagement concernant l'adhésion à donner aux enseignements non infaillibles doit être repoussée comme contraire à ce que doit être une profession de foi, à bien plus forte raison ne saurait-on imposer cette formule particulière qui n'aurait sa place nulle part.

Le Code de droit canonique

La profession de foi n'est pas un geste banal qu'on poserait en passant. C'est un geste qui engage la personne qui le pose à un niveau de profondeur tout à fait unique. Dans ce geste, la personne établit d'une manière solennelle sa référence à Dieu, à son mystère et, par dessus tout, à sa Parole. À ce titre, toute profession de foi suppose que celui qui la prononce s'engage avec le sérieux le plus grand et l'abandon le plus total. C'est d'ailleurs pourquoi la profession de foi s'inscrit souvent dans une liturgie. Il n'est donc pas étonnant que chacun de ceux qui sont concernés par l'imposition d'une profession de foi veuille bien comprendre les paroles qu'il prononce, leur sens, leurs implications.

Quand, en 1989, on entreprenait d'inclure dans ce geste une définition de l'accueil à faire à l'enseignement non infaillible du magistère, une ligne était franchie par laquelle on risquait fort d'asservir les intelligences. Il n'est donc pas étonnant qu'on ait suscité par là de grands malaises: cette réaction était un signe de santé. L'insertion de cette définition dans un code de droit canonique est autre chose. Elle semble toucher les personnes moins immédiatement puisqu'elle n'impose pas le contenu d'un geste à poser. Fort heureusement, personne n'a à professer le contenu du Code de droit canonique! Le rapport de celui-ci aux personnes est donc bien différent de celui que peut avoir ce qui est demandé dans une profession de foi. La place que le Code accorde pourtant à notre question intéresse grandement et à plusieurs titres l'objet de cet ouvrage.

Le Code de droit canonique est un autre lieu important d'affirmation de la pensée du magistère, plus particulièrement du magistère romain. On renvoie volontiers à ce document, qui devient à un certain titre une référence obligée, un lieu théologique, qu'on privilégie même, à l'occasion, par-dessus tout autre, parce que plus incisif, supposément plus clair, plus impératif, plus déterminant pour la conduite. Il arrive que le Code soit pour maints administrateurs une source tout à fait principale et un repère pour la conduite de leur pensée. Le Code est aussi un ensemble de données qu'on peut invoquer pour les appliquer. Cela est surtout vrai quand des peines sont associées à la violation de certains articles, comme c'est le cas pour la question qui nous occupe. Un discours pontifical ou même une encyclique peuvent avoir une influence assez éphémère. On n'y recourt pas toujours volontiers, ni très facilement, ni pour longtemps. Les mots utilisés dans ces genres d'interventions peuvent également changer d'un document à l'autre. Les articles du Code de droit canonique, au contraire, ont une durée, une permanence et une immuabilité vraiment extraordinaires. Tout cela invite à accorder à l'examen des formulations du Code une attention particulière.

Mais il y a plus encore. La Constitution apostolique *Sacræ disciplinæ leges*[151] par laquelle le pape Jean-Paul II promulguait le nouveau Code de droit canonique comporte des mots très forts pour souligner que le nouveau Code a été préparé dans «un esprit merveilleusement collégial», qu'il constitue une source importante pour régler toute la vie de l'Église, qu'il correspond bien à la nature de l'Église telle que décrite par le concile Vatican II, qu'il constitue comme une sorte de complément aux grandes constitutions conciliaires:

> Il faut regarder le Code en tant que document législatif principal de l'Église, fondé sur l'héritage juridico-législatif de la Révélation et de la Tradition, comme un instrument

151. *DC*, 6 mars 1983, 244-247.

indispensable pour assurer l'ordre aussi bien dans la vie individuelle et sociale que dans l'activité de l'Église elle-même. C'est pourquoi, en plus du fait qu'il contient les lignes fondamentales de la structure hiérarchique et organique de l'Église, telle qu'elle fut voulue par son divin Fondateur ou telle qu'elle se fonde selon la tradition extrêmement ancienne, et outre les principes fondamentaux qui règlent l'exercice de la triple fonction confiée à l'Église, le Code doit définir aussi certaines règles et normes de comportement.

Cet instrument qu'est le Code correspond pleinement à la nature de l'Église, spécialement comme la décrit le magistère du concile Vatican II en général, et en particulier dans son enseignement ecclésiologique. En un certain sens, on pourrait même voir dans ce Code un grand effort pour traduire en langage *canonique* cette doctrine même de l'ecclésiologie conciliaire. Si, cependant, il n'est pas possible de traduire parfaitement en langage *canonique* l'image conciliaire de l'Église, le Code doit néanmoins être toujours référé à cette même image comme à son exemplaire primordial, dont, par sa nature même, il doit exprimer les traits autant qu'il est possible.

À partir de là, on peut tirer quelques critères fondamentaux qui doivent guider tout le nouveau Code dans le cadre de son domaine spécifique comme aussi dans le langage qu'il emploie. On pourrait même dire que c'est à partir de là que le Code prend ce caractère de complémentarité par rapport à l'enseignement du concile Vatican II et en particulier par rapport aux deux Constitutions, la Constitution dogmatique *Lumen gentium* et la Constitution pastorale *Gaudium et spes.*

Ces passages de la Constitution apostolique *Sacræ disiplinæ leges* montrent bien l'importance et le sens qu'on a voulu donner au nouveau Code. Ils invitent fort heureusement à en subordonner l'interprétation au concile lui-même. Il nous faut donc bien examiner ce qu'il dit.

Pour interpréter le Code de droit canonique avec quelque autorité, il faut une expertise particulière, comme c'est le cas pour un code civil, un code criminel ou une charte des droits. Cette expertise est complexe. Elle suppose une bonne connaissance de l'ensemble du Code lui-même et des règles d'interprétation qui lui sont appropriées, la capacité de conjuguer les divers articles les uns avec les autres, une connaissance de la jurisprudence, du poids juridique de chaque mot, et que sais-je encore. L'auteur de cet ouvrage ne possède pas cette expertise et il le sait. On ne lira donc pas ce qui va suivre comme l'interprétation d'un juriste. On se contentera de les lire comme la réflexion d'un théologien qui est bien forcé de constater que le Code contient, lui aussi, une formulation du sujet dont il traite et que, pour cette raison, il doit en examiner la signification théologique. Il n'est certainement pas possible d'évaluer le sort fait à la pensée conciliaire sur notre sujet dans l'après-Concile sans tenir compte de la formulation qu'on prétend en donner dans la loi de l'Église.

C'est principalement dans les canons 752 et 753 que le Code de droit canonique aborde la question de l'accueil à faire aux enseignements non infaillibles du magistère:

> *Canon 752* — Ce n'est pas vraiment un assentiment de foi, mais néanmoins une soumission religieuse de l'intelligence et de la volonté qu'il faut accorder à une doctrine que le Pontife Suprême ou le Collège des Évêques énonce en matière de foi ou de mœurs, même s'ils n'ont pas l'intention de la proclamer par un acte décisif; les fidèles veilleront donc à éviter ce qui ne concorde pas avec cette doctrine.
>
> *Canon 753* — Les Évêques qui sont en communion avec le chef du Collège et ses membres, séparément ou réunis en conférences des Évêques ou en conciles particuliers, bien

qu'ils ne jouissent pas de l'infaillibilité quand ils enseignent, sont les authentiques docteurs et maîtres de la foi des fidèles confiés à leurs soins; à ce magistère authentique de leurs Évêques, les fidèles sont tenus d'adhérer avec une révérence religieuse de l'esprit[152].

Il ne sera pas nécessaire de faire longuement et d'une manière détaillée l'analyse de ces deux articles. On y retrouve les mêmes défauts que nous avons repérés dans le dernier paragraphe de la Profession de foi de 1989. Ici aussi ce qui commande tout, c'est l'affirmation de l'obligation de soumettre son intelligence et sa volonté. Le mot latin *adhærere* n'apparaît pas dans le canon 752, mais on le trouve dans le canon 753, ce qui signifie que le mot *obsequium* — toujours difficile à traduire et qui se traduirait par «respect» dans le canon 753 — doit être traduit par «soumission» dans le canon 752, ce que fait d'ailleurs la traduction française officielle. Ici aussi cette obligation, qui s'adresse à tous, est décrite dans l'absolu. La réserve «en matière de foi et de mœurs» (*in rebus fidei et morum*) est absente dans le canon 753. Surtout, dans l'un et l'autre canons on chercherait en vain une formule invitant à tenir compte de la manière dont un enseignement est donné, un peu comme on le faisait au n° 25 de *Lumen gentium* et dans la Profession de foi de 1967. Le «bel équilibre» dont parlait Ladislas Örsy est donc encore une

152. *Can. 752* — Non quidem fidei assensus, religiosum tamen intellectus et voluntatis obsequium præstandum est doctrinæ, quam sive Summus Pontifex sive Collegium Episcoporum de fide vel moribus enuntiant, cum magisterium authenticum exercent, etsi definitivo actu eandem proclamare non intendant; christifideles ergo devitare curent quæ cum eadem non congruant.

Can. 753 — Episcopi, qui sunt in communione cum Collegii capite et membris, sive singuli sive in conferentiis Episcoporum aut in conciliis particularibus congregati, licet infallibilitate in docendo non polleant, christifidelium suæ curæ commissorum authentici sunt fidei doctores et magistri; cui authentico magisterio suorum Episcoporum christifideles religioso animi obsequio adhærere tenentur.

fois absent. On n'affirme que le devoir sec, absolu dans sa formulation, pur et simple, de conformer son intelligence et sa volonté à l'enseignement donné, aussi bien intérieurement qu'extérieurement. Pour toutes ces raisons, John P. Boyle pouvait affirmer que cette formulation était d'une étendue sans précédent[153].

On peut se réjouir, cette fois, que l'enseignement personnel de chacun des évêques soit pris en compte et même celui des conférences épiscopales. Et il est certainement heureux que ce ne soit pas dans le canon 752 mais dans le canon 753. Mais on doit regretter l'emploi du mot «définitif» plutôt que du mot «infaillible». Ici comme dans la Profession de foi, cet emploi comporte les ambiguïtés que nous avons déjà longuement soulignées et dénoncées dans le chapitre précédent. Le Code de 1983 laissait donc présager l'extraordinaire confusion qui éclatera encore davantage plus tard dans la Profession de foi de 1989. Pour l'essentiel donc, on retrouve dans les articles du Code pertinents à notre question tous les problèmes que pose la rédaction de la Profession de foi de 1989. Mais il y a plus, cependant. Beaucoup plus.

En premier lieu, le canon 754 vient ajouter une obligation supplémentaire à ce qui est dit dans les canons antérieurs. Ce canon se lit comme suit:

> Tous les fidèles sont tenus par l'obligation d'observer les constitutions et les décrets que porte l'autorité légitime de l'Église pour exposer la doctrine et proscrire les opinions erronées, et à un titre spécial, ceux qu'édictent le Pontife romain ou le Collège des Évêques.

John P. Boyle fait remarquer que ce canon pourrait faire en sorte que soient concernés également les enseignements des congrégations romaines, ce qui élargirait encore davantage le champ couvert par les articles sus-mentionnés.

---

153. John P. Boyle, «Church Teaching Authority in the 1983 Code», dans *The Jurist*, XLV. 1985, p. 148.

En second lieu, un durcissement supplémentaire vient s'ajouter au canon 752, dont la formulation est déjà dure parce qu'absolue. C'est que des peines pourront être encourues par ceux qui ne se conformeraient pas au canon 752. Celui-ci est, en effet, pour ainsi dire complété par le contenu du canon 1371 n. 1:

> Sera puni d'une juste peine: *1.* qui, en dehors du cas dont il s'agit au can. 1364 n. 1, enseigne une doctrine condamnée par le Pontife Romain ou le Concile Œcuménique, ou bien qui rejette avec opiniâtreté un enseignement dont il s'agit au can. 752, et qui, après avoir reçu une monition du Siège Apostolique ou de l'Ordinaire, ne se rétracte pas; *2.* qui, d'une autre façon, n'obéit pas au Siège Apostolique, à l'Ordinaire ou au Supérieur lorsque légitimement il donne un ordre ou porte une défense, et qui, après monition, persiste dans la désobéissance.

John P. Boyle remarque que l'article 752 et la peine qui lui est associée sont tout à fait inédits et constituent une totale nouveauté[154]. À cela il faut ajouter que nous sommes placés devant une situation tout à fait paradoxale. Nous l'avons vu, sur la question de l'accueil à faire aux enseignements non infaillibles du magistère et en particulier du Souverain Pontife, le concile Vatican II a opéré un *aggiornamento* tout à fait important mais caché de la pensée que Pie XII avait exprimée dans l'encyclique *Humani generis.* Or voilà qu'après le concile nous sommes en face d'articles du Code de droit canonique qui non seulement ne respectent pas cet *aggiornamento* mais sont assortis d'une peine pour ceux qui ne se conformeraient pas à ces nouveaux articles.

Les articles que nous venons d'examiner concernent tous les fidèles. Le noter n'en diminue évidemment pas la portée, mais on doit considérer le cas «des personnes qui s'adonnent aux sciences sacrées». Ce cas fait l'objet d'un article particulier, l'article 218:

154. John P. Boyle, *loc. cit.*, p. 148-149.

> Ceux qui s'adonnent aux disciplines sacrées jouissent d'une juste liberté de recherche comme aussi d'expression prudente de leur opinion dans les matières où ils sont compétents, en gardant le respect dû au magistère de l'Église.

Compte tenu des débats qui entourent le rôle des théologiens depuis quelques décennies, cet article prend beaucoup d'importance. Mais quelle est sa portée et que signifie-t-il? Dans quelle mesure rend-il bien compte des orientations et de la pensée de Vatican II? En répondant à ces questions, nous serons mieux en mesure d'évaluer également d'autres formulations courtes, à caractère juridique, traitant du même sujet, comme celles qu'on trouve dans les Constitutions apostoliques *Sapientia christiana*[155] et *Ex corde Ecclesiæ*[156].

Les deux mots «juste liberté», qu'on a lus plus haut, ont besoin d'un commentaire. On les trouvait utilisés également dans le n° 62 de *Gaudium et spes*. Il est bien évident qu'ils peuvent recevoir un sens tout à fait acceptable: les abus de la liberté ne sont jamais souhaitables. Mais quand, justement, y a-t-il abus? Par lui-même, le mot «juste» ne précise pour ainsi dire rien. Il indique simplement que la liberté est circonscrite. Encore une fois, comment et par quoi? On comprend mieux, quand on lit ces mots dans le contexte général de l'article où ils se trouvent et surtout dans le contexte que crée l'ensemble du Code de droit canonique.

Dans le monde des êtres humains, la liberté *de recherche* va de soi. Il est bien difficile de réglementer les secrètes démarches de l'esprit. C'est l'affirmation ou la réclamation de la liberté *d'expression* qui pose des questions intéressantes. L'article 218 reconnaît la liberté à une «expression prudente» de son opinion dans les matières où on est compétent. Nous sommes ici devant

155. *Sapientia christiana*, AAS (1979), p. 469-499; traduction française dans *DC* (1979), p. 551-568.

156. *Ex corde Ecclesiæ*, AAS (1990), p. 1475-1509; traduction française dans *DC* (1990), p. 934-945.

une formule un peu analogue à celle de la «juste liberté». On ne peut être en faveur de l'imprudence et il est vrai que l'imprudence existe parfois dans l'expression des opinions, y compris en matière religieuse. Mais qu'est-ce qu'une expression prudente et quand transgresse-t-on les exigences de la prudence? Peut-on rester prudent tout en ne se conformant pas aux canons 752, 753 et 754? Pour être prudent, le théologien doit-il ne jamais exprimer en public une opinion personnelle contraire à une pensée officielle déjà formulée? S'il est demandé par les médias pour traiter d'une question de sa compétence et pour laquelle il ne partage pas l'enseignement officiel de l'Église, doit-il dire le contraire de sa pensée pour satisfaire aux exigences de la prudence? Doit-il s'inscrire à temps complet dans le club des artistes de la langue de bois? Doit-il estimer que sa pensée ne peut être légitimement partagée au commun des mortels? Doit-il, *dans tous les cas,* veiller avec le plus grand soin à ce que sa pensée ne sorte pas des journaux ou revues scientifiques et du cercle des initiés? Ce sont là beaucoup de questions auxquelles le mot «prudent» ne répond guère et qu'il suggère pourtant de poser.

Ce qui frappe dans cet article 218 du Code de droit canonique, c'est le retour du mot *obsequium.* Ce petit mot ambigu se retrouve vraiment partout. A-t-il ici le sens qu'il aura au canon 752 alors qu'il signifiera «assentiment»? A-t-il le sens qu'il aura au canon 753 alors qu'il signifiera «respect»? La question a son importance. S'il a le sens du canon 753, alors la thèse de Dom Butler concernant le sens à donner à ce mot sera ici implicitement confirmée, du moins pour ce qui concerne le cas de ceux qui s'adonnent aux sciences sacrées[157]. Il signifierait alors: accueillir avec respect. Mais le commentaire qui accompagne ce canon dans l'édition dont je me sers le plus souvent ne l'entend pas ainsi. Même s'il traduit *obsequium* par respect, il lui donne le

157. B.C. Butler, «Infallible; Authenticum: Assensus: Obsequium. Christian Teaching Authority and the Christian's Response», *Doctrine and Life,* 31 (1981), p. 84.

sens d'assentiment. Renvoyons à ce texte qui illustre bien le fouillis auquel on peut parvenir:

> Le respect (*obsequium*) dû au magistère constitue une limite infranchissable, car le devoir d'obéissance au magistère est un devoir fondamental qui limite le droit des fidèles. Là où existe le devoir d'obéissance, la liberté doit être vécue dans le sens indiqué par l'autorité. Dans le cas du droit en question, cela veut dire que le domaine de la liberté est le champ de ce qui relève de l'opinion, et seulement lui; il n'y a pas de liberté d'opinion à l'égard des propositions doctrinales édictées par le magistère. La foi est un des liens de communion dans l'Église; par conséquent, le droit à avoir et à exprimer publiquement des opinions personnelles se limite strictement à ce qui est du domaine de l'opinion; pour le reste, l'opinion personnelle et *séparée* devient, si elle est obstinée, hérésie ou désobéissance, ce qui ne peut être protégé par aucun droit fondamental[158].

Il falllait verser au dossier ce curieux commentaire. Que conclurons-nous de cet exercice? Pris en lui-même, l'article 218 du Code est assez sympathique. Mais il n'éclaire pas beaucoup. Bien plus, quand on le situe dans l'ensemble du Code, à côté des articles 752, 753, 754 et 1371, il se retrouve en assez mauvaise compagnie. On ne s'étonnera pas que l'article 218 soit peu utilisé par la Congrégation pour la Doctrine de la foi lors de l'Affaire Curran. Et la même Congrégation ne sera pas beaucoup empêchée par lui de brandir contre le moraliste les canons 752 et 753.

158. *Code de droit canonique*, édition bilingue et annotée sous la responsabilité de l'Institut Martín de Azpilcueta, traduction française établie à partir de la 4e édition espagnole, sous la direction de E. Caparros, M. Thériault, J. Thorn, Wilson et Lafleur, Montréal, 1990, p. 147.

*

* *

Au cours des dernières décennies, deux documents à caractère juridique ont repris la question qui nous intéresse dans ce chapitre. C'était pour tenir compte des milieux universitaires: la Constitution apostolique «*Sapientia christiana*[159]», sur les universités et les facultés ecclésiastiques, et la Constitution apostolique «*Ex corde Ecclesiæ*[160]», qu'on a présentée comme la grande charte des universités catholiques.

Ces documents abordent bien d'autres questions que celle de l'accueil à faire aux enseignements non infaillibles du magistère. Ces mots n'y sont d'ailleurs jamais employés. La question de la mission canonique, en particulier, a retenu longuement l'attention des milieux universitaires et tout spécialement des théologiens. Elle préoccupe encore beaucoup, surtout en Amérique, semble-t-il. Nous n'aborderons pas ici cette question délicate et difficile. Mais les deux Constitutions apostoliques consacrent évidemment quelques articles à la liberté de recherche et d'enseignement dans les questions concernant «la foi et les mœurs». On pourrait dire que les formules qu'on y trouve n'ont pas la même importance que celles du Code de droit canonique. Elles sont certainement plus facilement modifiables «à la douce». Ces deux Constitutions apostoliques ne sont pourtant pas négligeables pour l'étude que nous menons dans cet ouvrage. Elles ont fait l'objet de longs échanges. Elles sont plus accessibles aux personnes concernées, administrateurs d'universités et professeurs, en particulier aux théologiens, qu'ils touchent d'une manière très étroite.

159. AAS, 1979, p. 469-499; traduction française dans *DC* (1979), p. 551-568.

160. Constitutio apostolica de universitatibus catholicis *Ex corde Ecclesiæ*, AAS (1990), p. 1475-1509; traduction française dans *DC*, 1990, p. 934-945.

Quand on lit ces textes à la lumière de tout ce que nous avons vu jusqu'à présent, on est frappé du fait qu'ils ne contiennent rien qui soit vraiment neuf et susceptible de modifier les constatations que nous avons faites lors de l'examen des textes plus ou moins correspondants du Code. On peut noter toutefois un certain nombre de choses.

L'article 39 de *Sapientia christiana* commence par ces mots: «conformément au concile Vatican II, et selon le caractère propre de chaque faculté». C'est là un commencement admirable puisqu'il subordonne au concile lui-même tout ce qu'on lira. On souhaiterait secrètement, en lisant ces mots, que le Code de droit canonique commence par des mots semblables, qui subordonneraient alors clairement ses articles 752, 753 et 754 à la Constitution *Lumen gentium* correctement comprise.

Il n'y aurait rien à ajouter sur le retour de la notion de «juste liberté», si nous ne constations qu'elle est complétée, cette fois, par les mots suivants: «qui permette d'obtenir un authentique progrès dans la connaissance et dans l'intelligence de la vérité divine». Ne laissons pas s'échapper ces mots précieux. Ils contiennent toute la sagesse de ceux qui s'adonnent à la vie de la réflexion. Sans liberté de recherche et d'enseignement, il n'y a pas de progrès qu'il soit permis d'espérer! Quelque chose de semblable se trouvait dans le n° 62 de *Gaudium et spes.* Des mots comme ceux-là auraient pu trouver opportunément place dans le n° 25 de *Lumen gentium.* Ils auraient atténué ce qu'on pourrait appeler, en utilisant un mot de Congar, son caractère un peu «diviniste».

Hélas! ces beaux commencements du premier paragraphe de l'article 39 de *Sapientia christiana* sont vite corrigés. La porte ouverte est immédiatement refermée... dès le deuxième paragraphe! Qu'on en juge plutôt:

2. En même temps, il doit être très clair:

a) Que la vraie liberté d'enseignement est nécessairement contenue dans les limites de la parole de Dieu, telle qu'elle est constamment enseignée par le magistère vivant de l'Église;

b) Pareillement, que la vraie liberté de recherche s'appuie nécessairement sur la ferme adhésion à la parole de Dieu et sur une attitude de soumission envers le magistère de l'Église, auquel a été confiée la charge d'interpréter authentiquement la parole de Dieu.

Ces deux paragraphes méritent quelques commentaires. Ceux-ci concerneront en premier lieu la définition de la «juste liberté». Ce n'est pas par hasard que les rédacteurs ont tenu à distinguer liberté d'enseignement et liberté de recherche. C'est une distinction très familière au monde universitaire et à la définition des tâches des Facultés et des professeurs. Mais les rédacteurs avaient certainement aussi d'autres préoccupations que celle de coller au langage de ceux à qui s'adresse la constitution *Sapientia christiana.* Dans les deux cas, la «juste liberté» devient la «vraie liberté» et nous retiendrons que ce dernier concept semble ici dominer l'autre. Dans les deux cas, la vraie liberté se comprend par l'identification de ses limites. Nous sommes certainement ici en territoire qui intéresse le sujet qui nous occupe dans cet ouvrage et plus encore dans ce chapitre.

Si l'on en juge par les termes employés, les auteurs du deuxième paragraphe voulaient être très clairs. Voyons s'ils le sont vraiment. La formule employée pour dire la liberté d'enseignement peut prêter au moins à deux interprétations fort différentes l'une de l'autre. Une lecture, qui serait fort sympathique, consisterait à comprendre ces mots comme signifiant que la vraie liberté d'enseignement en théologie est limitée par la parole de Dieu elle-même et, à vrai dire, elle seule, étant bien entendu que le magistère de l'Église est l'interprète autorisé de cette parole. Ces mots référeraient alors à ce qu'on pourrait appeler le Credo. Y serait inclus tout ce qui s'impose à la foi.

Mais est-ce là ce que veut dire la formule que nous analysons? Le magistère enseigne-t-il *constamment* la parole de Dieu? Le mot «constamment» embarrasse un peu. Les enseignements de l'Église sur la loi naturelle, l'enseignement de l'encyclique *Humanæ vitæ*, l'enseignement du magistère sur l'attitude à prendre en face des divorcés remariés tel que formulé dans l'Exhortation apostolique *Familiaris consortio*[161] ou dans la Lettre de la Congrégation pour la Doctrine de la foi aux évêques de l'Église catholique du 14 septembre 1994 sur l'accès à l'Eucharistie des divorcés remariés[162], tout cela fait-il partie de «la parole de Dieu telle qu'elle est constamment enseignée par le magistère de l'Église»? Tout lecteur qui aura eu le courage de nous suivre jusqu'ici comprendra qu'il manque à ce paragraphe ce sens de la réserve qui lui assurerait un meilleur équilibre. Tel que rédigé et tel qu'on peut le lire, cet article pourrait permettre qu'on l'interprète comme excluant tout dissentiment, même pour les questions qui n'appartiennent pas à la foi. Dans ce cas, la juste liberté serait fort réduite, de même que la possibilité d'un progrès de la pensée, souhaitée au début de cet article de la Constitution. Nous nous retrouverions purement et simplement dans le contexte et le cadre que le Code de droit canonique avait fixés.

Le traitement de la «vraie liberté» de recherche est un peu différent et l'on pourrait, à la vérité, se demander pourquoi. La différence ne saurait venir des mots «s'appuie nécessairement sur une ferme adhésion à la parole de Dieu». On trouvait l'équivalent dans le paragraphe consacré à la liberté de l'enseignement. La nouveauté vient des mots «s'appuie nécessairement [...] sur une attitude de soumission envers le magistère de l'Église, auquel a été confiée la charge d'interpréter authentiquement la parole de Dieu».

Une exégèse officielle de ces mots existe-t-elle? Elle serait fort utile. Si par une attitude de soumission envers le magistère

161. AAS (1982), p. 81-191.

162. Texte français dans *DC*, 6 novembre 1994, p. 930-932.

de l'Église on entendait l'acceptation du rôle du magistère dans l'Église tel que défini par Vatican I pour ce qui concerne son infaillibilité et tel que décrit par Vatican II pour le reste, ce paragraphe deviendrait tout à fait sympathique. C'est là, en effet, une exigence qu'on doit avoir. Mais le mot «soumission» utilisé ici évoque aussi une tout autre chose. Nous ramène-t-il à ce qui était probablement suggéré dans le paragraphe sur la liberté de l'enseignement? Nous nous retrouverions alors en face des mêmes difficultés que nous avons soulevées plus haut. À vrai dire, nous nous retrouverions de nouveau devant le contenu du Code.

Nous pouvons quitter *Sapientia christiana* sur une note plus réjouissante. Le dernier paragraphe de l'article 39 se lit en effet comme suit:

> En conséquence, dans une matière aussi importante et si délicate, on doit procéder avec confiance et sans suspicion, mais aussi avec discernement et sans témérité, surtout dans l'enseignement; on doit aussi concilier soigneusement les exigences scientifiques avec les nécessités pastorales du Peuple de Dieu.

Ce paragraphe est loin de ne rien dire. Il introduit une résonance évangélique dans un domaine où l'esprit juridique pourrait occuper tellement trop de place. Il décrit un esprit. Assumé par les théologiens et par le magistère, cet esprit rendra les conflits et les antagonismes moins fréquents. Toutefois, ce sont les deux parties qui doivent procéder avec confiance et sans suspicion, avec discernement et sans témérité. Car c'est l'une ou l'autre partie qui peut manquer de confiance, se laisser aller à des suspicions mal fondées, procéder sans discernement et d'une façon téméraire, mal évaluer la manière de concilier les exigences scientifiques avec les nécessités pastorales de la communauté chrétienne. Mais passons à un autre document important et, lui aussi, révélateur.

La constitution apostolique «*Ex corde Ecclesiæ*» aborde la question qui nous occupe au n° 29 de la section non juridique du document. On y affirme que les théologiens jouissent dans l'université de la «liberté académique», du moment qu'ils adhèrent aux principes et aux méthodes propres à la théologie. Aux évêques, il est recommandé de favoriser le travail créatif des théologiens, qui servent l'Église par leur recherche menée en respectant la méthode propre à la théologie. Cette méthode propre, sur laquelle on veut manifestement insister, est précisée lorsque la Constitution ajoute que la théologie s'efforce de comprendre la vérité révélée, dont l'interprétation authentique est confiée aux évêques de l'Église, et lorsqu'elle ajoute que «les théologiens doivent respecter l'autorité des évêques et adhérer à la doctrine catholique selon le degré d'autorité avec lequel celle-ci est enseignée». Immédiatement après, on précisera: «C'est là un élément intrinsèque aux principes et à la méthode spécifiques de la recherche et de l'enseignement de leur discipline académique.»

Il n'y a pas beaucoup à dire sur cette formulation des choses. On doit reconnaître que ce texte est clair. Et l'on note avec plaisir ici les mots «adhérer à la doctrine catholique *selon le degré d'autorité avec lequel celle-ci est enseignée*». On note de même le renvoi tout à fait opportun et justifié au n° 25 de *Lumen gentium*.

Dans la section plus proprement juridique du même document, l'article 4 se lit comme suit au n° 3:

> Selon les voies les plus conformes aux diverses disciplines académiques, tous les professeurs catholiques doivent accueillir fidèlement dans leur recherche et leur enseignement la doctrine et la morale catholiques, que tous les autres professeurs doivent respecter. Que les théologiens catholiques, en particulier, conscients d'exercer un mandat reçu de l'Église, soient fidèles au Magistère de l'Église, en tant qu'interprète authentique de la sainte Écriture et de la sainte Tradition.

Que dirons-nous de la formule employée ici? On se demande si le langage de la fidélité convient vraiment pour éclairer le domaine qui est ici abordé. Si les théologiens sont les auxiliaires et les collaborateurs du magistère, ils peuvent être fidèles au magistère de l'Église en montrant, à l'occasion, que son enseignement n'est pas parfaitement satisfaisant, voire non suffisamment conforme au donné de la foi, ou même qu'il est tout simplement erroné. La fidélité ne peut-elle parfois exiger le courage d'une telle contestation? Les références faites aux n°s 8-10 de *Dei Verbum* et au n° 25 de *Lumen gentium* sont-elles là pour appuyer l'institution du mandat d'enseigner ou pour illustrer l'idée de fidélité? Une chose est certaine: le concile n'a jamais utilisé le mot «fidélité» pour décrire l'attitude à prendre en face de l'enseignement du magistère.

L'Affaire Curran: un cas témoin

Ce n'est pas un hasard si la décision de Rome concernant les écrits de Charles Curran appartient à la période où le Code de droit canonique est promulgué et où paraîtra l'Instruction sur la vocation ecclésiale du théologien. L'affaire Curran vient illustrer ce que peut constituer en pratique la mise en œuvre de la pensée qui s'exprime dans ces documents. Il nous importe donc de nous intéresser à ce cas. Il constitue un document ecclésiologique extrêmement révélateur[163].

L'Affaire Curran cache un drame humain considérable, qui va bien au delà de la perte d'un poste d'enseignement ou de la poursuite d'une carrière. Pour le croyant sincère dont la vocation est l'approfondissement de la foi chrétienne, ce n'est pas chose facile à accueillir que de se faire dire par les plus hautes autorités de l'Église qu'on ne saurait être considéré comme un théologien catholique et de se voir banni pour cela de toute

163. Charles E. Curran, *Faithful Dissent*, Sheed and Ward, 1986, 287 p. On trouve dans cet ouvrage les principales pièces officielles du dossier de l'Affaire Curran, en particulier les échanges de lettres entre la Congrégation pour la Doctrine de la foi et le théologien américain.

fonction d'enseignement dans les institutions de cette Église vouées à l'enseignement et à la recherche théologiques. L'Affaire Curran peut cacher une dureté et peut-être même une injustice qui méritent l'attention. On peut même penser que cette injustice méritera un jour réparation. Ce qui nous intéresse ici, pourtant, n'est pas là. Ce qui nous intéresse ce sont plutôt les mécanismes de la pensée qui semblent avoir été à l'œuvre dans la décision prise.

Le propos qui s'impose à nous dans le contexte de cet ouvrage n'est pas non plus d'évaluer la pensée du moraliste américain, ni même de vérifier sa conformité ou sa non-conformité avec l'enseignement officiel de l'Église sur telle ou telle question, ni de comparer l'œuvre du moraliste à celle de tant d'autres pour essayer de comprendre s'il y avait quelque raison tout à fait spéciale d'accorder à Curran un traitement aussi particulier que celui qu'on lui a réservé. Ce qu'il nous importe d'examiner avec soin, ce sont les motifs théoriques précis invoqués pour fonder la décision prise par Rome. L'examen de ces motifs est accessible à quiconque. Les échanges épistolaires entre la Congrégation pour la Doctrine de la foi et Charles Curran ont duré huit ans, de 1979 à 1986. Dans la publication qu'en a faite Curran dans *Faithful Dissent*, ils couvrent près de 175 pages. Bien sûr, cette correspondance aborde des points d'une tout autre nature, comme lorsqu'on traite des délais prévus pour les réponses, de problèmes relevant de la procédure, et lorsque s'expriment les frustrations qu'un auteur peut ressentir quand il voit ses positions présentées d'une façon sommaire, incomplète, infidèle, caricaturale même. Tout cela ne retiendra pas notre attention, même si c'est fort important. Mais une pensée concernant l'accueil à faire aux enseignements non infaillibles court dans toutes les réponses de la Congrégation pour la Doctrine de la foi. C'est cette pensée que nous devons examiner avec soin pour le propos du présent chapitre de cet ouvrage.

Comme beaucoup d'autres, j'ai lu et relu à plusieurs reprises le dossier fait des échanges épistolaires entre la Congrégation pour la Doctrine de la foi et Charles Curran. Il est fascinant. S'y étalent à la vue de tous les difficultés qu'éprouve l'Église postconciliaire à dire la liberté de la pensée dans la foi et dans l'Église, et à se montrer fidèle à l'héritage et aux ouvertures du concile sur ce point. J'ai relu tout ce dossier en ayant en tête trois questions très précises. Premièrement, sur la foi de ce qu'on trouve dans le dossier, pourquoi a-t-on retiré à Charles Curran le droit «d'être éligible à exercer la fonction de professeur de théologie catholique»? Deuxièmement, quelle position la Congrégation pour la Doctrine de la foi manifeste-t-elle dans ce dossier concernant le dissentiment, notamment le dissentiment public? Enfin, puisque la Congrégation prétend fonder sa position sur Vatican II, comment interprète-t-elle, dans ce dossier, la pensée du dernier concile? Voilà trois questions fort claires. Y répondre permettra de comprendre un peu plus, par un autre biais, ce qui mijote depuis vingt ans dans la marmite de la Congrégation pour la Doctrine de la foi.

Pourquoi a-t-on retiré à Charles Curran son droit d'enseigner la théologie? En un sens, cette question est celle que pose sans répit Charles Curran tout au long de son «dialogue» épistolaire avec la Congrégation pour la Doctrine de la foi. C'est la question la plus essentielle. Concrètement, elle doit prendre aujourd'hui la forme suivante: reprochait-on au théologien américain de refuser son assentiment à un dogme de foi ou lui reprochait-on d'exprimer publiquement son dissentiment en regard de certains enseignements non infaillibles du magistère? Manifestement, ce sont là des choses très différentes. Elles l'étaient pour Charles Curran. Elles le sont pour nous. Et le lecteur comprend que l'Affaire Curran ne peut nous intéresser dans ce chapitre que dans la mesure où s'y trouve engagée une pensée sur la question de l'accueil à faire à l'enseignement non infaillible du magistère.

Quand on lit et relit le Dossier Curran, quelque chose d'étonnant et de décevant saute aux yeux. Pendant six ans, le théologien américain a pu penser qu'on lui reprochait seulement de ne pas accorder son assentiment à certains enseignements non infaillibles du magistère et d'entretenir une conception fausse et inacceptable de l'accueil à donner à ces sortes d'enseignements. Or voici qu'à la fin, dans la lettre annonçant la décision finale, le Préfet de la Congrégation pour la Doctrine de la foi reproche au moraliste de ne pas donner un assentiment de foi à une doctrine qui «a été définie au concile de Trente et qui appartient, de ce fait, au patrimoine de la foi», celle du caractère indissoluble du mariage qui est à la fois sacramentel et consommé. Il est bien difficile de comprendre un tel comportement. Il est difficile de comprendre également le langage mi-chair mi-poisson par lequel le théologien est mis en accusation sur une matière aussi grave. Rappelons ce texte de la dernière lettre du cardinal Ratzinger à Charles Curran, celle du 25 juillet 1986:

> Il est clair que vous n'avez pas assez tenu compte, par exemple, du fait que la position de l'Église sur l'indissolubilité du mariage, dont vous prétendez qu'elle devrait être changée, a été de fait définie au concile de Trente et appartient, de ce fait, au patrimoine de la foi. De la même manière, vous n'avez pas donné suffisamment de poids à l'enseignement du concile Vatican II qui, en pleine continuité avec la Tradition de l'Église, a condamné l'avortement, en l'appelant «un crime abominable». Quoi qu'il en soit, les fidèles ne doivent pas se contenter d'accepter le magistère infaillible. Ils doivent aussi soumettre leur intelligence et leur volonté à l'enseignement que le Pontife Suprême ou le collège des évêques énoncent en matière de foi et de morale quand ils exercent leur magistère authentique, même lorsqu'ils n'ont pas l'intention de le proclamer dans un acte définitif. Cela vous avez refusé obstinément de le faire[164].

Mais laissons ce troublant épisode et ces lignes déconcertantes par lesquelles la Congrégation semble, plus ou moins molle-

164. *Faithful Dissent*, p. 269-270.

ment et de manière tardive, accuser le théologien américain de refuser son adhésion à un véritable dogme de foi. Pour quiconque lit le Dossier Curran, il est manifeste que le théologien américain a été privé de son droit de se présenter comme théologien catholique principalement pour deux raisons. Premièrement, parce qu'il a exprimé publiquement son dissentiment sur un certain nombre de points de doctrine que le magistère de l'Église enseigne sans engager l'infaillibilité de l'Église. En second lieu, parce qu'il préconise une conception de l'accueil à donner aux enseignements non infaillibles du magistère que la Congrégation pour la Doctrine de la foi ne peut accepter. Nous pouvons donc nous interroger sur ce que la Congrégation a à dire, dans le Dossier Curran, sur cette question qui fait précisément l'objet de ce chapitre.

Quelle est la position de la Congrégation sur ce point crucial? Telle est la seconde question que nous devons nous poser. Elle est aussi la question que pose sans relâche, au cours de plus de 170 pages, celui que la Congrégation pour la Doctrine de la foi s'apprêtait à censurer. Le retour incessant de cette question, avec toutes les sous-questions qui lui sont afférentes, constitue la trame même du dossier dont nous parlons. Le théologien demande qu'on précise les critères qui permettraient de distinguer un dissentiment acceptable et légitime d'un autre qui ne le serait pas. Il rappelle les trois critères que les évêques américains avaient énumérés dans leur Lettre pastorale du 15 novembre 1968 sur la vie humaine aujourd'hui (*Human Life in Our Day*)[165]. Il demande si ces critères sont acceptables à la Congrégation et si l'on peut fonctionner à partir d'eux[166].

À cette question et à ces sous-questions, la Congrégation apporte-t-elle des réponses? Il n'est pas facile d'en juger. Certes, faire tomber le couperet de la guillotine au terme d'une enquête est déjà, en soi, une réponse. Impossible de ne pas remarquer

---

165. *DC* (1969), p. 327.
166. *Faithful Dissent*, p. 212-213.

également que la Congrégation n'a pas accepté de s'exprimer sur les critères permettant de discerner les dissentiments qui seraient acceptables à l'intérieur de l'Église, compte tenu de ce qu'elle est. Mais au cours de ce «dialogue» difficile, certaines positions ou convictions de la Congrégation pour la Doctrine de la foi transparaissent avec assez de clarté. Essayons de les énumérer.

On évoque le scandale qui résulte pour les fidèles de l'expression publique de dissentiments[167]. On souligne le fait que les théologiens qui exprimeraient en public leurs dissentiments constitueraient un magistère «alternatif» ou parallèle[168]. On trouve essentiel que, dans des institutions catholiques, les théologiens enseignent ce qu'enseigne le magistère de l'Église[169]. On fait remarquer qu'il existe une «unité organique des vérités», de telle sorte qu'on ne peut dissocier autant que d'aucuns voudraient le faire les enseignements non infaillibles de ceux qui le sont[170].

Voilà qui laisse entrevoir déjà les substrats de la position de la Congrégation pour la Doctrine de la foi sur notre question. Mais à y regarder de près, il y a plus encore et ce plus est précisément la manière dont la Congrégation s'appuie sur Vatican II. Pour nous, dans cet ouvrage, c'est évidemment l'aspect des choses le plus capital. En l'abordant, nous abordons précisément la troisième question que nous voulions nous poser lors de notre dernière lecture de cet historique dossier. Des choses tout à fait prévisibles, mais aussi des surprises nous attendent.

Commençons par les choses prévisibles. Il était à prévoir qu'on invoquerait le Code de droit canonique, puisqu'on venait à peine de le promulguer. Il était prévisible qu'on invoquerait l'article 752, puisqu'il était rédigé pour viser précisément le

167. *Ibid.*, p. 202.
168. *Ibid.*, p. 203.
169. *Ibid.*, p. 269-270.
170. *Ibid.*, p. 268.

genre de comportements qu'on disait constater. Il était prévisible qu'on utiliserait cet article du Code d'une façon brutale, c'est-à-dire qu'on l'utiliserait tel que rédigé. Il était prévisible qu'on présenterait l'obligation de «soumettre son esprit» comme une obligation absolue. Bref, il était prévisible qu'on doive constater que se vérifient dans la pratique les dangers que comporte la formule raccourcie du canon 752, formule amputée des éléments essentiels qu'on trouvait dans le n° 25 de *Lumen gentium* et dont Ladislas Örsy écrivait qu'ils introduisaient un bel équilibre («*a beautiful balance*»).

Peut-être était-il prévisible, mais il est quand même étonnant qu'un organisme aussi important que la Congrégation pour la Doctrine de la foi, au moment où elle mettait en cause les droits d'un théologien réputé, respecté et estimé, se contente de renvoyer au texte du n° 25 de *Lumen gentium* en l'amputant d'une de ses parties essentielles et en l'interprétant sans tenir compte de sa genèse, de sa logique interne et des interprétations tout à fait essentielles fournies par la Commission doctrinale du concile.

Tout cela est surprenant, mais la plus grande surprise reste à venir. Le lecteur nous permettra maintenant de l'expliquer longuement, car il n'a probablement pas eu le temps ou ressenti le besoin de fouiller jusqu'en ses derniers retranchements le cadre d'interprétation que la Congrégation pour la Doctrine de la foi se donne du fameux n° 25 de *Lumen gentium*. Il est nécessaire de rappeler ici ce texte de la Congrégation, dont je voudrai dire ensuite ce qu'on y trouve quand on s'oblige à en vérifier toutes les données.

> The ordinary member of the faithful, lacking expertise in a particular question, could not prudently trust himself to human wisdom or theological opinion in making a decision, in face of the authentic teaching of those who «by divine institution... have succeeded to the place of the apostles as shepherds of the Church,» so «that he who hears

them, hears Christ, while he who rejects them, rejects Christ and Him who sent Christ (Cf. Luke 19:16)» (*Lumen gentium*, 20). The teaching of *Lumen gentium* (Cf. particularly n. 25) confirms the traditional teaching of the Church in the following documents: CLEMENT XI, DS 2390; PIUS IX, DS 2875-80; BENEDICT XV, DS 3625; PIUS XII, AAS 42 (1950) 569-578; 756-757; (1954) 666-667; JOHN XXIII, AAS 54 (1962) 790-793; PAUL VI, AAS 56 (1964) 363-367; 58 (1966) 889-896; 877-881; 59 (1967) 960-963; 61 (1969) 713-716; 67 (1975) 39-44[171].

Mon propos n'est pas de m'attacher à la première partie de ce paragraphe. Il est bien certain qu'il mériterait de longs commentaires: on y trouve un mépris mal dissimulé de l'intelligence des fidèles et une exaltation incontrôlée des prérogatives du magistère. Ce qui nous intéresse ici, c'est la phrase affirmant que l'enseignement de *Lumen gentium*, surtout du n° 25 de cette Constitution dogmatique, confirme l'enseignement traditionnel de l'Église qu'on trouve dans les documents dont on donne par la suite la longue liste. Voilà à ne pas s'y tromper le cadre d'interprétation que la Congrégation se donne pour comprendre le sens du n° 25 de *Lumen gentium*. Ce cadre d'interprétation est la plus grande surprise que j'ai éprouvée en lisant le Dossier Curran. Qu'on en juge!

Le texte de la Congrégation pour la Doctrine de la foi que nous venons de citer entend rappeler la pensée de Vatican II, exprimée dans le n° 25 de *Lumen gentium*, sur l'accueil à donner aux enseignements du magistère n'engageant pas l'infaillibilité de l'Église. Il veut montrer également que cet enseignement de Vatican II confirme l'enseignement traditionnel de l'Église tel qu'on le trouve dans les documents auxquels il réfère. Il est difficile d'être plus explicite. Hélas! après avoir lu ce passage qui figure tout au début du premier document du Dossier Curran en

171. *Faithful Dissent*, p. 118-119.

provenance de la Congrégation pour la Doctrine de la foi, il faut s'excuser de devoir dire des choses désagréables.

La Congrégation renvoie à treize documents qui constituent le cadre à l'intérieur duquel elle lit et interprète le n° 25 de *Lumen gentium.* Selon la Congrégation, dans ce célèbre passage, le concile aurait «confirmé» l'enseignement de ces treize documents concernant l'accueil à donner aux enseignements non infaillibles du magistère. Vérification faite, onze de ces treize documents sont sans pertinence en regard de ce qu'on veut montrer, alors que les deux autres ne sont rien d'autre que le fameux texte de l'encyclique *Humani generis* que le concile Vatican II, comme nous l'avons vu, a justement voulu éviter et un texte de Benoît XV qui lui est pratiquement identique. Pour dispenser le lecteur de refaire tout ce travail, qui est presque un travail de limier, il est peut-être utile de faire état en détail de ce que révèle la lecture de ces documents.

Le document de Clément XI s'inscrit dans le contexte de la condamnation de Jansénius. Il rappelle que, dans ce cas, on ne peut se contenter de se taire et donc de pratiquer ce qu'on appelle le «*silentium obsequiosum*», puisqu'il s'agit d'une hérésie. Il faut en effet donner son assentiment à l'enseignement du magistère quand il condamne une hérésie, la foi étant en cause. Inutile d'insister sur le fait que ce document n'a rien à voir avec la question de l'accueil à donner aux enseignements non infaillibles du magistère.

La lettre de Pie IX à l'évêque de München-Freising avait une visée très précise. Elle voulait rappeler qu'on doit se soumettre en conscience aux décisions qui sont exprimées en matière de doctrine *par les Congrégations pontificales*[172]. Son but était d'affirmer l'obligation de donner son assentiment aux enseignements de ces congrégations, un peu comme le fera le Code de droit canonique de 1983, mais comme ne le fait certainement pas *Lumen gentium.* Comme on le sait, le Schéma *De Ecclesia* de

172. Cf. Dumeige, *La foi catholique,* n. 444.

1962 comportait une telle chose, mais n'importe quel lecteur du texte conciliaire peut constater que cette vue n'a pas été retenue dans la Constitution *Lumen gentium.* Cette seconde référence est donc sans pertinence.

La Congrégation réfère à la Constitution *Munificentissimus Deus* de Pie XII proclamant le dogme de l'Assomption de Marie. Ce texte nous rappelle qu'un dogme de foi doit être accueilli par un assentiment de foi. Il ne nous enseigne rien sur l'accueil à faire aux enseignements non infaillibles. Un autre texte de Pie XII est évoqué. Il s'agit d'un discours prononcé en 1954. Le pape s'adresse alors aux cardinaux, en la fête de Marie, reine du ciel et de la terre. Il est difficile d'établir le moindre lien entre ce texte et l'enseignement du nº 25 de *Lumen gentium.* C'est une référence particulièrement étonnante, une simple erreur de copiste, peut-être.

Disons un mot de chacune des références à Paul VI. La première renvoie à un discours de 1964 aux étudiants et aux professeurs de l'Université Grégorienne. Le pape avait donné trois autres allocutions différentes, le même jour! Entre autres choses, le pape insiste, dans ce texte tout à fait mineur, sur la nécessité de reconnaître la valeur suprême de la Parole de Dieu et sur le devoir d'être attentif à la voix et aux avertissements de la Chaire de Pierre. Il exprime aussi le vœu que les étudiants soient formés à l'obéissance au magistère.

La Congrégation pour la Doctrine de la foi renvoie aussi à des documents de Paul VI postérieurs au concile. Comme tels, ils ne peuvent avoir été «confirmés» par le concile: s'il a confirmé quelque chose en regard de notre question, celui-ci ne pouvait certes confirmer que des documents antérieurs à lui! À l'inverse, on ne saurait dire non plus que ces textes de Paul VI confirment les enseignements du concile. À parler rigoureusement, les actes d'un concile n'ont besoin d'aucune «confirmation» ultérieure. Ils se tiennent par eux-mêmes et ne s'interprètent que par eux-mêmes. Même une commission d'interprétation des actes d'un concile restera toujours extérieure à eux. Est-il nécessaire d'ajouter que ces textes de Paul VI, postérieurs au concile, sont de simples allocutions. Celles-ci avaient certes leur place dans le cadre où elles étaient prononcées, mais leur contenu assez général et le mode d'expression employé font qu'elles ne sauraient avoir un poids vraiment décisif, même à supposer qu'elles aient été «confirmées» par le concile!

Restent deux recours: celui de Benoît XV et celui de l'encyclique *Humani generis* de Pie XII. Le texte de Benoît XV insiste pour dire qu'il n'y a dans l'Église qu'un seul magistère, celui qui appartient aux successeurs des Apôtres. Tous les autres enseignants, rappelle le pape, sont tenus de se conformer «d'une manière religieuse» à ce magistère unique. Cependant, poursuit-il, on peut disputer de sujets que le Siège Apostolique n'a pas encore tranchés. Quand on lit ce texte, on est frappé par la similitude fondamentale qu'il a avec le texte de l'encyclique *Humani generis* que le lecteur de cet ouvrage connaît bien. Au fond, il semble dire exactement la même chose. Ce qu'il y aurait à en dire ici est exactement ce que nous dirons maintenant au sujet de la référence à *Humani generis.*

Il faut y venir à ce texte, puisque c'est à lui qu'on est finalement convié quand on fait le tri de ce qui est pertinent dans les treize références auxquelles on nous renvoie. Ce n'est pas une petite surprise pour nous de lire dans les observations accompagnant la première lettre de la Congrégation pour la Doctrine de la foi à Charles Curran que le concile, dans le n° 25 de *Lumen gentium,* aurait rien moins que «confirmé» l'enseignement que Pie XII avait livré dans cette partie de sa célèbre encyclique. Nous avons vu dans la première partie de cet ouvrage qu'au contraire cet enseignement avait fait l'objet de vives critiques à la Commission centrale de Vatican II; qu'on avait pris soin d'éviter délibérément d'insérer dans la Constitution *Lumen gentium* toute référence à ce texte; que cela avait été réalisé en évitant les mots de cette encyclique et même toute référence à celle-ci, à l'encontre justement du schéma qui avait été préparé pour le concile; que les réponses de la Commission doctrinale du concile aux demandes d'amendements montrent à l'évidence qu'on a voulu laisser place à d'éventuels légitimes dissentiments. Il y a vraiment de quoi s'étonner. Comment peut-on prétendre que le concile Vatican II a voulu «confirmer» un enseignement dont tout montre, au contraire, qu'il a voulu en sortir?

*

* *

On a beaucoup écrit sur l'Affaire Curran. On écrira encore. Pour notre part, nous avons voulu l'examiner dans le cadre de réflexion déterminé par la présente étude. Au moment de conclure sur ce sujet, nous nous contenterons de trois grandes remarques particulièrement significatives.

Tout au long de l'Affaire Curran, les choses se passent «comme dans le livre», c'est-à-dire en conformité avec le Code de droit canonique, plus particulièrement avec l'article 752. Nous avons déjà noté comment cet article du Code présente d'une manière absolue l'obligation d'adhérer aux enseignements non infaillibles du magistère. Quand on lit le Dossier Curran, on se rend compte que cet article 752 du Code de droit canonique est invoqué et appliqué, avec une cohérence parfaite, exactement comme il est rédigé. Nulle part, tout au long de ce dossier, on ne reconnaît que certains dissentiments privés pourraient être légitimes. Encore moins évidemment ne trouvera-t-on nulle part que certains dissentiments publics pourraient être légitimes et tolérables de la part de personnes enseignant dans le cadre des institutions de l'Église. La hiérarchie des vérités, les degrés de certitude, l'autorité relative des documents magistériels, rien de tout cela ne trouve place dans ce dossier. La négation du droit au dissentiment est rédigée dans l'absolu; on l'applique de la même manière. Rien n'est plus révélateur, à cet égard, que le refus obstiné de la Congrégation pour la Doctrine de la foi de répondre à la demande, maintes fois répétée par Charles Curran, que soient exposés par la Congrégation les critères qui permettraient de discerner un dissentiment public légitime d'un autre qui ne le serait pas. Le théologien invoque-t-il les critères que les évêques américains avaient énumérés en 1968 dans leur Lettre pastorale sur la vie humaine aujourd'hui[173]? Il n'obtiendra aucune réponse. Tout se passe, dans les faits, comme si tout dissentiment public était inconditionnellement inacceptable. Aussi bien, l'Affaire Curran confirme-t-elle ce que nous pouvions redouter, à savoir l'extrême danger qu'il y a à rédiger, pour la matière qui nous occupe, un article de loi qui ne saurait pas inclure toutes les nuances qui s'imposent. Une loi écrite d'une certaine manière peut être brandie exactement de la façon dont elle est écrite. Telle est la première conclusion que nous pouvons tirer d'une lecture attentive du Dossier Curran.

La seconde conclusion concerne la manière dont, à la Congrégation pour la Doctrine de la foi, on lit et interprète l'enseignement du concile Vatican II qu'on trouve au n° 25 de *Lumen gentium*. Le lecteur de cet ouvrage comprendra que nous accordions ici une grande importance à cet aspect des choses, puisque ce livre étudie précisément ce qui s'est passé à Vatican II, ce qui a été inscrit dans les textes de ce grand concile, et ce qu'on en a fait par la suite.

Dans le Dossier Curran, la Congrégation pour la Doctrine de la foi n'invoque pas que l'article 752 du Code de droit canonique; elle invoque également, dans la première lettre envoyée à Charles Curran aussi bien que dans la dernière, l'autorité du concile Vatican II et plus particulièrement le n° 25 de *Lumen gentium*. Quand la Congrégation invoque cet important passage de la Constitution sur l'Église, elle le fait comme si rien ne s'était passé à Vatican II autour de la question qui y est abordée. Dirons-nous qu'elle fait de ce passage une lecture fondamentaliste? En

173. «L'expression de la divergence théologique par rapport au Magistère n'est justifiée que si les raisons sont sérieuses et bien fondées, si le problème en litige ne met pas en question, n'attaque pas l'autorité enseignante de l'Église et n'est pas de nature à créer un scandale.» (*DC* [1969], p. 327)

tout cas, elle en fait une lecture qui ne tient aucun compte de ce qui s'est passé à la Commission centrale; elle renvoie à l'encyclique *Humani generis* comme si cette encyclique avait été entérinée et «confirmée» par le concile; elle parle de la pensée du concile comme si elle était en parfaite continuité avec l'enseignement de cette encyclique, sans compter qu'elle établit une liste étonnante de documents préconciliaires sans pertinence et sans véritable autorité en regard de l'important sujet traité. Comment expliquer que, si peu de temps après le dernier concile, un organisme aussi important que la Congrégation pour la Doctrine de la foi puisse se méprendre à ce point concernant la vraie pensée de Vatican II sur notre question? Peut-être la réponse se trouve-t-elle dans une des conclusions auxquelles nous parvenions dans la première partie de cet ouvrage: la pensée de Vatican II sur la question du dissentiment est une pensée claire, mais c'est aussi une pensée cachée.

Notre dernière remarque concernera la portée de tout le Dossier Curran. Bien sûr, ce dossier concerne d'abord une personne. Si le sort qu'on fait à cette dernière dans l'Église est un tort, c'est déjà assez pour qu'on s'élève avec vigueur contre la décision prise et pour qu'on demande qu'elle soit révoquée. Si l'on traite injustement une seule personne, si l'on fait taire injustement dans l'Église une seule voix précieuse, c'est déjà infiniment trop.

L'examen du Dossier Curran révèle qu'il s'agit d'une action d'une ampleur autrement grande. On reproche à Charles Curran d'exprimer publiquement son dissentiment en regard d'un aspect ou l'autre de divers enseignements non infaillibles du magistère de l'Église paraissant dans des documents d'importance et de portée vraiment diverses. Comme le théologien américain l'a fait remarquer, dans chacun de ces cas, d'autres que lui ont exprimé dans divers médias des dissentiments ou des réserves semblables. Bien plus, on ne saurait compter le nombre de théologiens qui, sur ces questions et d'autres questions semblables, sont incapables de donner leur assentiment intérieur à ces enseignements et se sentent le devoir de tenir compte, dans leur enseignement, de cette pensée qui les habite. Toutes ces personnes doivent-elles se sentir visées par l'argumentation qui s'étale tout au long du Dossier Curran? Toutes ces personnes sont-elles réduites à devoir se considérer comme des théologiens ou des théologiennes auxquels on est susceptible de révoquer leur droit d'enseigner dans une institution catholique? Doivent-elles se considérer elles-mêmes comme indignes du nom de théologien ou de théologienne catholique? Des interrogations analogues courent dans la Déclaration co-signée par neuf anciens présidents de la *Catholic Theological Society of America* et de la *College Theology Society,* déclaration signée par la suite par 750 théologiens américains[174]. Ces interrogations montrent que l'Affaire Curran est beaucoup plus que l'Affaire Curran; elle est l'affaire de toute la théologie.

L'Instruction sur la vocation ecclésiale du théologien

L'Instruction sur la vocation ecclésiale du théologien est du 24 mai 1990[175]. Elle est donc de la même époque que la nouvelle Profession de foi. Sans doute ce document n'a-t-il pas la portée de cette dernière ou même celle des articles pertinents du Code de droit canonique; les administrateurs n'y recourront pas aussi souvent, d'autant plus que sa longueur pourra les en dissuader. Cependant, c'est dans ce document que s'exprime avec le plus d'ampleur la pensée sous-jacente à l'élaboration du Code et de la Profession de foi. Pour cette raison, il est essentiel de l'examiner pour comprendre les orientations post-conciliaires en ce qui regarde la question abordée dans ce chapitre.

On pourrait examiner cette Instruction sous de nombreux aspects: la conception de la vérité, le rôle de chacun dans l'Église

174. Cf. *Faithful Dissent,* p. 282-284.

175. AAS (1990), p. 1550-1570; traduction française dans *DC* (1990), p. 693-701.

en regard de la vérité, l'objet de la théologie, le rôle du magistère, celui des théologiens, l'histoire de l'héritage chrétien pour ce qui concerne la vérité, le droit des fidèles à la théologie, la place du dissentiment, le rôle des théologiens dans les médias. D'une façon ouverte, mais souvent également d'une manière implicite, l'Instruction aborde tout cela. Bien certainement, concernant la vie de la pensée dans l'Église, une mentalité, une certaine vue des choses s'expriment tout au long de ces pages. On pourrait aborder les divers thèmes traités dans cette Instruction tout autrement, en s'inspirant d'une pensée, d'une mentalité et de vues tout autres. C'est ce que j'ai fait, peu après la parution de l'Instruction, dans une petite étude intitulée: «Programme pour un discours différent[176]». Il n'est pas nécessaire de reprendre ici l'examen de chacun des aspects de l'Instruction; nous pouvons nous contenter d'aborder quelques particularités du document en regard de l'objet précis de ce chapitre. Trois points nous retiendront: la notion d'enseignements non irréformables et le lien de ces derniers à l'erreur, la formulation de l'attitude à prendre en face de ces enseignements, la grande question du dissentiment.

On ne s'étonne pas que l'Instruction reprenne la distinction déjà formulée par la Congrégation pour la Doctrine de la foi entre les enseignements dans lesquels l'Église se prononce infailliblement et les vérités qu'elle «propose d'une manière définitive»: l'Instruction vient dans la foulée de la Profession de foi de 1989, y réfère et utilise les mêmes catégories. Ce qui étonne toutefois, c'est qu'à ce dédoublement déjà fort difficile à admettre s'ajoute dans l'Instruction un dédoublement des enseignements non définitifs eux-mêmes, tel que cela apparaît aux n°s 23 et 24. Il est nécessaire de rappeler ici ces deux paragraphes:

176. André NAUD, «Programme pour un discours différent», dans *Questions de liberté*, sous la direction de Jean-Claude PETIT et Jean-Claude BRETON, (coll. «Héritage et projet», 46), Montréal, Fides, 1991, p. 329-348.

Au nº 23: Lorsque le Magistère, même sans l'intention de poser un acte «définitif», enseigne une doctrine pour aider à l'intelligence profonde de la Révélation ou de ce qui en explicite le contenu, ou encore pour rappeler la conformité d'une doctrine avec les vérités de foi, ou enfin pour mettre en garde contre des conceptions incompatibles avec ces mêmes vérités, un assentiment religieux de la volonté et de l'intelligence est requis (renvoi au nº 25 de *Lumen gentium*). Celui-ci ne peut pas être purement extérieur et disciplinaire, mais doit se situer dans la logique et sous la mouvance de l'obéissance de la foi.

Au nº 24: Enfin le Magistère, dans le but de servir le mieux possible le Peuple de Dieu, et en particulier pour le mettre en garde contre des opinions dangereuses pouvant conduire à l'erreur, peut intervenir sur des questions débattues dans lesquelles sont impliqués, à côté de principes fermes, des éléments conjecturaux et contingents. Et ce n'est souvent qu'avec le recul du temps qu'il devient possible de faire le partage entre le nécessaire et le contingent.

Voilà, nous sommes donc maintenant devant quatre sortes d'enseignements: les infaillibles, les définitifs mais pas nécessairement infaillibles, et les deux sortes d'enseignements non infaillibles ou non définitifs. Inutile d'insister sur le fait que cela fait vraiment beaucoup de catégories! Il faut poser les questions: qui pourra s'y comprendre et qui aura le courage d'expliquer ces fort subtiles et étonnantes distinctions?

La seconde sorte d'enseignements non infaillibles et non définitifs ne sera pour personne facile à distinguer de la précédente. On notera que c'est la seule sorte d'enseignements dont l'Instruction dira qu'ils ne sont pas de soi non irréformables. Ce qui frappera surtout, c'est la manière dont y est abordée la possibilité que des erreurs s'y rencontrent. Le mot «erreur» sera d'ailleurs pudiquement évité; on ne parlera que de «déficiences», qui pourraient ne se glisser, au surplus, que dans des «jugements prudentiels». On est incité à se rappeler ici que les évêques allemands, dans leur lettre pastorale de 1967, éprouvaient moins de réticences à admettre que des enseignements magistériels peuvent être entachés d'erreurs[177].

Ce dernier point est important. Il n'est pas possible d'établir une correcte formulation de l'accueil qui s'impose devant l'enseignement non infaillible du magistère sans reconnaître la possibilité que des erreurs se glissent dans l'enseignement de l'Église. Évidemment, s'il n'y a jamais d'erreurs, il n'y a jamais place pour le dissentiment; tout au plus y a-t-il alors place pour quelques améliorations cosmétiques, soit dans la formulation de la doctrine, soit dans la manière de la démontrer ou de la présenter. On doit ajouter également que si l'Église n'était pas capable de reconnaître ses erreurs quand elles ont eu lieu, soit dans un lointain passé soit dans un passé plus récent, elle se placerait dans une situation fort difficile, voire intenable. Le progrès de sa pensée mais aussi sa propre crédibilité seraient compromis. La place de l'erreur dans la vie de l'Église est une question qu'on ne peut éviter. La manière dont cette question est traitée au n° 24 de l'Instruction est vraiment insatisfaisante. Il y a beaucoup plus, dans l'histoire de l'Église, que ce qui est évoqué d'une manière plus que voilée dans les quelques lignes de l'Instruction qu'on vient de lire. Pour tenir compte du mystère divin et des aléas de l'histoire doctrinale de l'Église, il faudrait une présentation qui fasse plus de place à la modestie. Il n'y a pas que des lenteurs dans l'histoire de la vie doctrinale de l'Église!

Arrêtons-nous un instant au traitement de l'accueil à donner à cette sorte d'enseignements qu'on retrouve à la fin du n° 23, la première sorte d'enseignements non définitifs. Pour dire cet accueil, on renvoie au n° 25 de *Lumen gentium*. Pourtant, tout y est différent. On n'y retrouve aucune trace de ce que nous avons appelé à la suite de Ladislas Örsy la «clause du bel équi-

177. Cf. *DC* (1968), p. 321-324.

libre». On ne retient que l'affirmation du devoir d'assentiment, qu'on présente d'une façon durcie par ces mots: «Cet assentiment ne peut être purement extérieur et disciplinaire, mais doit se situer dans la logique et la mouvance de l'obéissance de la foi.» On chercherait en vain de tels termes dans les documents de Vatican II. Par ailleurs, des interprétations du texte conciliaire que la Commission doctrinale du concile avait tenu à donner, on ne garde aucun souvenir.

Après tout ce qu'il a lu au chapitre précédent, le lecteur comprendra facilement que l'auteur de ces pages ne partage aucunement la manière dont l'Instruction définit le domaine de ce qui n'est pas de soi irréformable. Pour l'Instruction, l'irréformable se rencontre non seulement dans les enseignements infaillibles, mais encore dans les enseignements qui sans être infaillibles sont «définitifs» et même, semble-t-il, dans ces enseignements qui sont décrits à la fin du n° 23. L'Instruction reconnaît cependant que les enseignements d'ordre prudentiel ne sont pas toujours exempts de «déficiences» et ne sont pas de soi non irréformables. Examinons la règle que la Congrégation pour la Doctrine de la foi propose à leur sujet dans deux formules de l'Instruction.

> *Au n° 24:* La volonté d'acquiescement loyal à cet enseignement du Magistère en matière de soi non irréformable doit être la règle.
>
> *Au n° 29:* Jamais, en tout cas, ne pourra manquer une attitude fondamentale de disponibilité à accueillir l'enseignement du Magistère, comme il convient à tout croyant au nom de l'obéissance de la foi.

Il n'est pas question de chercher noise inutilement aux rédacteurs des formules que nous venons de lire. Toutefois, c'est l'attitude fondamentale de la vie intellectuelle du croyant, et spécialement du théologien, que ces formules entendent décrire, comme il est dit dans la seconde formule elle-même. On ne peut donc se dispenser de les examiner avec soin.

On aura remarqué que les deux formules ne sont pas identiques. À première vue, la seconde semble plus souple. On y parle d'une «disponibilité à accueillir (*amplectandam*) l'enseignement du magistère comme il convient à un croyant». Mais il faut lire jusqu'au bout, car l'Instruction ajoute: «au nom de l'obéissance de la foi». Ainsi donc, on demande au croyant, et plus spécialement au théologien, d'accueillir l'enseignement non irréformable du magistère au nom de l'obéissance de la foi. On en fait donc une question d'obéissance, et même d'obéissance de la foi.

À la réflexion, la seconde formule ne diffère pas tellement de la première. Dans celle-ci l'attitude intellectuelle demandée est celle qui consiste à avoir une volonté d'acquiescement loyal aux enseignements non irréformables. Il s'agit, il faut le rappeler, d'enseignements où pourraient se rencontrer des «déficiences», ce qu'un langage plus franc appellerait des «erreurs». Certes, on doit lire ces formules et surtout la dernière en essayant d'accorder le plus de crédit possible aux rédacteurs. Ils accepteraient peut-être de modifier ces formules. Ce qu'il importe de dire, c'est qu'elles doivent être combattues.

L'attitude fondamentale du croyant ne saurait consister dans une volonté d'adhérer à des enseignements non irréformables qui serait imposée au nom de la loyauté. Lorsqu'il s'agit de la vie de l'intelligence, la loyauté dernière du chrétien s'adresse à la vérité et non à une autorité intellectuelle qui pourrait se tromper. Cela est particulièrement vrai pour le théologien. Par vocation, ce dernier doit essayer de chercher et de servir la vérité avec toutes les ressources de son intelligence critique. Ce n'est pas son propos de soumettre celle-ci, à coup de volonté, à la pensée exprimée dans un enseignement de soi non irréformable, fût-ce un enseignement du magistère. Nous proposerons dans la conclusion de cet ouvrage quelques suggestions pour décrire l'attitude qui doit être sienne en face de l'enseignement non irréformable du magistère. On ne peut certainement se contenter de formules simples comme celles que nous avons rencontrées jusqu'à présent. Pourquoi voudrait-on que la vie de l'intelligence dans la foi et dans l'Église soit simple?

*

* *

La question du dissentiment est absolument centrale dans l'Instruction et l'on peut dire qu'en un sens ce document est tout entier ordonné à elle. La question est d'ailleurs traitée assez longuement. Manifestement, la rédaction n'a pas été facile, car l'Instruction parvient mal à cacher certains tiraillements.

Par exemple, le n° 26 offre une présentation des choses qui pourrait être accueillie par ceux qui voient une place dans l'Église pour le dissentiment, y compris pour le dissentiment publiquement exprimé. Il faut rappeler à la lettre ce passage remarquable:

> Une double règle s'impose dans le dialogue: là où la communion de foi est en cause, vaut le principe de l'*unitas veritatis*; là où demeurent des divergences qui ne mettent pas en cause cette communion, on sauvegardera l'*unitas caritatis*.

Comme on voudrait que cette règle soit inscrite en lettres d'or partout où l'on écrit sur les rapports entre le magistère et les théologiens, et même sur les rapports entre le magistère et le peuple chrétien tout entier! Malheureusement, la nouvelle Profession de foi et le Code de droit canonique contredisent ce merveilleux principe chrétien, en condamnant et en menaçant de punition ceux qui n'accepteraient pas un enseignement du magistère dans lequel la «communion de foi» n'est pas engagée.

Les conditions pour qu'un dissentiment soit justifié méritent un examen. Elles sont exprimées au n° 28:

> Un tel désaccord ne pourrait être justifié s'il se fondait seulement sur le fait que la validité de l'enseignement donné n'est pas évidente, ou sur la persuasion que la position

contraire est plus probable. De même, le jugement de la conscience subjective du théologien ne saurait suffire, car celle-ci ne constitue pas une instance autonome et exclusive pour juger de la vérité d'une doctrine.

L'Instruction dit: pour qu'un dissentiment soit justifié, il ne suffit pas que la validité de l'enseignement donné ne soit pas évidente ou que la position contraire soit plus probable. Certes, il faut avoir de bonnes raisons pour exprimer un dissentiment et il est vrai que le seul fait qu'un enseignement du magistère ne soit pas «évident» ne saurait suffire. Le second membre de la phrase fait cependant problème. N'est-on pas trop sévère? N'y a-t-il pas des cas où il est légitime de retenir pour soi et parfois d'exprimer une position qui est plus probable que celle qui est enseignée par le magistère? Si, sur certaines questions qui n'engagent pas le noyau de la foi, un enseignement du magistère n'est vraiment pas assez évident, ne convient-il pas de le dire? Ne peut-on concevoir des cas où ce pourrait même être un devoir de le dire?

Dans le même passage, l'Instruction aborde la question du rapport à la vérité de la conscience subjective du théologien. Elle rappelle que la conscience subjective ne suffit pas. Bien sûr, il ne suffit pas de dire: c'est ce que je pense! Mais y a-t-il beaucoup de théologiens qui feraient appel seulement à leur conscience subjective pour soutenir le bien-fondé d'une position? Il est vraiment difficile de saisir à qui peut s'adresser la dernière phrase du n° 28 de l'Instruction.

En dernier ressort, quelle est la pensée de l'Instruction concernant le dissentiment public? Le condamne-t-elle d'une manière absolue, sans envisager aucune situation où il serait légitime? En lisant le n° 27, on pourrait penser que l'Instruction ne refuse que les expressions publiques du dissentiment qui seraient «intempestives», supposant peut-être que les autres pourraient être, à certaines conditions, acceptables. Ce serait là une vue satisfaisante. Mais la suite de ce document ne permet pas facilement cette interprétation. L'ensemble de l'Instruction semble n'ouvrir aucune voie à quelque forme que ce soit de dissentiment public. En dernière analyse, ce qu'il recommande, c'est de faire connaître son dissentiment au magistère lui-même. Il en fait même un devoir[178]. Pour le reste, les auteurs de l'Instruction ramassent leur pensée par ces mots:

> Pour un esprit loyal (ici encore, retour de ce mot!) et animé par l'amour de l'Église, une telle situation peut assurément représenter une épreuve difficile. Ce peut être un appel à souffrir dans le silence et la prière, avec la certitude que si la vérité est vraiment en cause, elle finira nécessairement par s'imposer. (n° 31)

Peut-être pouvons-nous conclure cet examen de l'Instruction sur la vocation ecclésiale du théologien en reliant l'essentiel de ce qu'elle contient à ce que nous a révélé l'étude des autres documents examinés dans ce chapitre. Manifestement, la même pensée circule dans les uns et les autres concernant l'accueil qui s'impose devant l'enseignement non infaillible du magistère et concernant la question du dissentiment, surtout publiquement exprimé. Elle s'exprime sous forme dangereusement ramassée dans la Profession de foi et le Code de droit canonique, sous une forme appliquée dans le Dossier Curran, sous une forme plus élaborée mais néanmoins identique dans l'Instruction. Partout on perçoit la même approche, les mêmes visées, la même conception de l'Église, des fidèles, de la théologie. Partout se perçoit

178. «Si, en dépit d'efforts loyaux, les difficultés persistent, c'est un devoir pour le théologien de faire connaître aux autorités magistérielles les problèmes que soulève un enseignement en lui-même, dans les justifications qui en sont proposées ou encore dans la manière selon laquelle il est présenté. Il le fera dans un esprit évangélique, avec le désir profond de résoudre les difficultés. Ses objections pourront alors contribuer à un réel progrès, en stimulant le Magistère à proposer l'enseignement de l'Église d'une manière plus approfondie et mieux argumentée.» (n° 30)

la même interprétation réductrice de ce qui s'est passé au dernier concile en ce qui concerne la liberté de la pensée dans la foi et dans l'Église.

Il nous faut maintenant évaluer tout cela dans le cadre plus général de cette étude. Nous avons pensé le faire dans le prochain chapitre où nous rassemblerons les conclusions que suggère la patiente enquête que nous avons faite.

3

Propositions pour un avenir meilleur

Nous avons mené une longue enquête sur la double question de la liberté de la pensée dans la foi et dans l'Église. Cette enquête nous a révélé que le concile Vatican II a proposé sur cette double question des orientations novatrices. Des habitudes trop restrictives avaient été longtemps cultivées et entretenues dans l'Église; à l'occasion de l'élaboration de documents trop mal connus, le concile a voulu qu'on sorte de ces habitudes; l'Église post-conciliaire tend à y retourner. Il n'est pas étonnant que ce cheminement déconcertant ait engendré et engendre encore de profonds malaises. Profitant des résultats de cette enquête, il nous faut maintenant essayer d'indiquer des voies qui permettraient d'assurer un avenir et même un présent meilleurs. Avant d'entreprendre cette tâche, il est cependant difficile de résister à la tentation de tirer d'abord quelques leçons générales qui se dégagent de ce que nous avons constaté. Car si l'on prend quelque distance par rapport aux détails des événements, ce que nous avons constaté est très révélateur de tendances qui dépassent les problèmes particuliers que nous avons étudiés.

*
* *

Une première observation concerne la parole des évêques. L'observateur est bien obligé de constater qu'elle est plus libre au sein d'un concile qu'en d'autres temps. C'est que la parole leur est alors donnée sans réserve, pendant que celle du pape se fait discrète sans être évidemment réduite à rien. Nous avons donc alors une situation qui est l'inverse de celle qui prévaut dans ce qu'on pourrait appeler la vie quotidienne de l'Église. Il n'est pas exagéré de dire que, dans le cadre d'un concile, les évêques assument leur devoir doctrinal avec plus de sérieux. Hors d'un concile, quel évêque oserait critiquer ouvertement, surtout de manière publique, la proposition romaine d'une profession de foi? Quel évêque oserait demander que soit corrigé un enseignement pontifical comme celui que donnait Pie XII dans l'encyclique *Humani generis*? La constatation que nous faisons ici comporte un double volet: événement extraordinaire, un concile a sa vertu propre qui est de libérer la parole épiscopale; la vie ordinaire de l'Église, au contraire, comporte le danger évident de l'enfermer d'une manière subtile mais par trop réelle. On se prendrait donc à souhaiter qu'on trouve les mécanismes qui permettraient de faire en sorte que l'atmosphère de liberté caractéristique des conciles puisse être étendue à la vie ordinaire de l'Église. Comment? C'est là, bien sûr, le problème que pose la mise en œuvre efficace de la collégialité épiscopale, tant souhaitée à Vatican II, si peu réalisée depuis.

À cette première observation on peut en ajouter une autre, qui lui est reliée. On pourrait la résumer ainsi: les conciles sont souvent meilleurs que les interprétations qu'on en fait par la suite. On reconnaît de plus en plus que cela est vrai pour un grand nombre des questions qui furent abordées au concile de Trente. Qu'il suffise d'évoquer la longue incompréhension de l'enseignement de ce concile sur les rapports entre l'Écriture et la Tradition. C'est certainement vrai pour la pensée de Vatican I sur l'infaillibilité pontificale, beaucoup plus rigoureusement limitée que ce qu'on en a fait par la suite et jusqu'à nos jours inclusivement. Nous avons été amenés à constater que ce phénomène de dégradation des pensées conciliaires est en train de se réaliser pour Vatican II, dont on est si prompt à brandir la pensée en la dépouillant de sa nouveauté. Peut-être n'y a-t-il pas lieu de s'étonner du fait qu'il y ait plus de sagesse lors des conciles qu'après ceux-ci, mais la constatation n'en est pas moins attristante pour autant.

La lecture des textes conciliaires est, dans bien des cas, difficile et exigeante et c'est aussi une conclusion qu'on peut tirer de l'étude que nous avons faite. La vraie visée de ces textes, souvent difficiles et parfois très nuancés, n'est pas toujours perçue, loin de là. Peut-être est-il inévitable que des exégèses divergentes apparaissent. Elles ne sont pas toutes légitimes. Il s'agit souvent d'exégèses dont l'une est informée et l'autre ne l'est pas. Pour bien saisir la pensée des conciles, il faut éviter par dessus tout les lectures fondamentalistes. Pour cela, il faut tenir compte d'un grand nombre de facteurs qu'il n'est pas inutile de rappeler encore une fois: ce qui est délibérément omis, les requêtes de modifications, les réponses des commissions conciliaires responsables, le cheminement des schémas et de tout ce qui a entouré leur préparation, les circonstances qui ont influé sur le cours des choses, l'intensité des débats, le poids relatif de l'engagement que les évêques ont voulu prendre relativement à la question en cause, l'opinion d'experts pouvant servir de témoins particulièrement qualifiés. Bref, tout ce qui fait qu'un texte est marqué par une histoire devrait être examiné. Disons-le sans ambages: le magistère devrait être le premier à ne pas faire une lecture et une utilisation fondamentalistes des documents conciliaires lorsqu'il veut s'appuyer sur eux ou y référer.

Les cas que nous avons examinés au long de ces pages montrent comment les textes et les pensées rejetés par un concile peuvent être importants. Malheureusement, ce qu'on a refusé d'y insérer n'apparaît pas dans les textes approuvés, surtout quand les rédacteurs se sont donné pour objectif de présenter leurs vues d'une façon positive et sereine, comme cela est si fréquent. Seul donc l'examen serré et détaillé des débats peut révéler cette face cachée des enseignements conciliaires. Que cette face cachée puisse parfois être plus importante encore que ce qui est ouvertement enseigné, nous avons pu le constater. Elle témoigne de la discontinuité voulue par le concile, discontinuité que d'aucuns seront tellement portés à négliger, à minimiser, ou même à oublier par la suite.

Nous sommes obligés de le constater, les textes conciliaires qui expriment d'une façon imparfaitement claire et trop incomplète ce qu'ils veulent dire sont un malheur. Ce malheur n'est pas rare. Ici encore, nous ne nous étonnerons pas. Il est tellement difficile d'inclure dans des formules brèves des pensées qui doivent être entérinées par un grand nombre de personnes! Les conciles, comme les auteurs, se contentent parfois d'une pensée insuffisamment développée, qu'ils n'exposent pas assez sous toutes ses facettes. C'est certainement le cas, nous l'avons assez vu, pour le n° 25 de *Lumen gentium.* Compte tenu du fait que la plupart des lecteurs des documents conciliaires ne peuvent pas recourir aux rapports officiels des commissions conciliaires (les *relationes*) et n'y recourent pas de fait, nous devons certainement regretter que trop souvent le sens véritable de certains textes ne soit intelligible que par une lecture soignée de ces rapports. Mais ici encore pas question de faire grief aux auteurs de ces documents: ils devaient dire en peu de mots tout l'essentiel. Comment y réussir et être sûr d'y parvenir, non seulement pour la bonne intelligence des participants au concile appelés à approuver un texte, mais également pour les générations futures?

Si ces quelques leçons d'intérêt général sont loin d'être négligeables, c'est à celles qui concernent plus précisément la question de la liberté de la pensée dans la foi et dans l'Église qu'il faut surtout s'arrêter au terme de cet examen. Il est essentiel de mettre celles-ci bien au clair, non seulement pour sortir des impasses et des conflits actuels, mais parce que des enjeux considérables sont engagés dans cette difficile question.

*

* *

Que la question de la liberté de la pensée dans la foi et dans l'Église soit difficile, toute l'histoire de l'Église et par-dessus tout les tâtonnements des dernières décennies le démontrent à l'évidence. Elle est difficile parce qu'elle traite du statut de l'intelligence elle-même dans l'acte de foi et parce qu'elle aborde de plein fouet le statut de ceux qui peuvent prétendre parler à l'intelligence au nom de Dieu lui-même. Elle est particulièrement difficile de nos jours pour des raisons supplémentaires. L'homme d'aujourd'hui a pris conscience plus que jamais auparavant du caractère relatif des savoirs, de ce qu'on appelle aujourd'hui leur temporalité, y compris des savoirs qui relèvent de l'autorité de l'Église. Il a un souci plus grand que jamais auparavant de l'autonomie de l'intelligence et, certainement, de celle de la conscience individuelle. Il comprend mieux qu'autrefois comment les données de la foi s'inscrivent constamment dans des horizons intellectuels nouveaux.

Cette difficile question met en cause des enjeux nombreux, concernant la vie de diverses catégories de personnes et concernant, par là, la vie de l'Église elle-même. La vie de diverses catégories de personnes, disons-nous. Il faut d'abord penser à rien de moins que tous ceux qui vivent de la foi et dont l'intelligence est marquée par elle. Que doivent-ils accueillir par cet assentiment fondamental? Quel Credo doit être le leur? Quelle liberté leur reste-t-il en regard de ce qu'ils ont accueilli à l'intérieur même du Credo chrétien? De quelle liberté peuvent-ils jouir en regard de ce qui s'enseigne dans l'Église mais ne fait pas partie de ce Credo? Ces questions, simples à formuler, requièrent des réponses aux répercussions immenses: sont en jeu un style de foi et un style de vie dans la foi, des aspects essentiels de l'exercice de l'intelligence. Sont engagés par-dessus tout le respect de soi, le respect de Dieu, le respect de la vérité et le respect de la foi elle-même. Une formulation mal délimitée de cette dernière dénierait au croyant sa dignité la plus sacrée, celle qui concerne son esprit.

Des enjeux concernant ceux qui ont mission d'enseigner dans l'Église et pour l'Église sont également engagés. On pense ici aux théologiens, aux moralistes, aux pasteurs, aux catéchètes et, bien sûr, aux évêques et au Souverain Pontife lui-même. À des titres divers, ce sont eux qui sont amenés à dire ce qu'il faut accueillir dans la foi et qui ont à respecter les libertés de la pensée que laisse la foi. Respect de la vérité, respect des intelligences, respect des consciences, respect des personnes, cela fait, pour eux surtout, un redoutable programme.

Dans les questions que nous avons examinées, les enjeux concernant l'Église ou la communauté chrétienne elle-même ne sont pas de moindre importance. Toute la vie de l'Église est ici engagée, s'il est vrai que celle-ci est fondée sur un enseignement et vit de lui. Selon les réponses qu'elle propose à ces questions, l'Église peut s'enfermer trop, ou trop tôt, dans des points de doctrine dont elle ne peut plus se défaire. C'est notamment le cas lorsqu'elle présente comme «définitif» ce qui ne saurait prétendre à ce statut inquiétant. Elle peut se donner et donner, en théorie et en pratique, un visage d'elle-même qui lui rendra difficile, voire impossible, l'ouverture à des changements qui pourraient pourtant devenir nécessaires. Elle peut intimider les chercheurs et, de cette manière, se priver du fruit de travaux qui s'imposeraient. Il faut du courage pour aborder avec franchise les questions délicates: l'Église peut «décourager». Richard A. McCormick a bien décrit le «chill factor» qui s'est installé au cours des dernières décennies chez tous ceux qui ont à enseigner dans l'Église et plus particulièrement chez les théologiens[179]. Mgr Rambert G. Weakland, archevêque de Milwaukee, a souligné lui aussi le danger que comportent des attitudes trop restrictives concernant la libre expression de la pensée. Il a rappelé comment ces attitudes peuvent entraîner des retards très dommageables pour l'Église, comme cela est arrivé tout au cours de son histoire et jusque dans ce siècle[180].

À cette liste de conséquences fâcheuses, il faut ajouter encore. Signalons la perte de confiance dans le magistère de l'Église qui s'installe chez les fidèles quand ils constatent que le magistère impose à l'intelligence des croyants, d'une façon apparemment inconditionnelle, des doctrines qui méritent d'être considérées comme provisoires, comme simplement probables ou à tout le moins discutables. Signalons encore les profondes divisions qu'on provoque à l'intérieur de l'Église elle-même entre ceux qui se disent incapables d'accepter ces limites imposées à l'intelligence et ceux qui réclament que l'Église durcisse encore davantage sa discipline en regard des premiers. Bien qu'il le faudrait, nous ne nous arrêterons pas enfin aux obstacles nouveaux semés de cette manière sur le chemin de l'œcuménisme, ni à l'image déroutante que suscite pour les non-croyants une Église qui leur paraît incapable de surmonter son dogmatisme.

Quand on tient compte de tous ces enjeux, on comprend que l'*aggiornamento* réalisé au concile Vatican II autour de la liberté de la pensée dans la foi et dans l'Église est tout à fait central. Il est ce par quoi l'*aggiornamento* de la pensée et de la pratique de l'Église pourra, dans l'avenir, continuer à se faire dans tous les domaines. Il est bien évident que le besoin de mise à jour dont parlait Jean XXIII ne saurait être le fait d'un seul moment et d'une seule heure de l'histoire. Comme au moment

---

179. Richard A. McCormick, «The Chill Factor in Contemporary Moral Theology», dans *The Critical Calling. Reflections on Moral Dilemmas Since Vatican II*, Georgetown University Press, 1989.

180. «The Price of Orthodoxy», dans Charles Curran et Richard A. McCormick (éd.), *Readings in Moral Theology n. 6: Dissent in the Church*, p. 184-188.

du concile, l'Église a encore besoin d'un *aggiornamento*. Elle en aura toujours besoin.

Deux grands thèmes ont été l'occasion du progrès réalisé au concile sur notre sujet: le contenu de la profession de foi, l'accueil à donner aux enseignements non infaillibles du magistère. Nous avons constaté que ces deux grands thèmes ont tenu une place considérable dans l'Église de l'après-Concile et ont été source et occasion de profondes tensions. Il est donc important de tirer les leçons de ce qui s'est passé au concile et dans l'après-Concile autour de ces deux grands sujets.

Le contenu de la Profession de foi

Tout retour à la pensée du concile sur la liberté de la pensée dans la foi doit commencer par un examen de ce que peut contenir la Profession de foi et par un retour sur la pensée qui s'est exprimée au concile sur ce sujet capital.

Plusieurs raisons imposent ce retour. En premier lieu, l'importance de la symbolique que possède à l'évidence la profession de foi, pour le croyant, pour l'Église, pour l'avenir de l'œcuménisme, et pour tous ceux qui ont charge d'enseignement dans l'Église. En second lieu, la qualité de la pensée qui s'est exprimée lors du dernier concile et malheureusement, à l'inverse, l'impasse dans laquelle on s'est enfoncé avec la rédaction d'une nouvelle Profession de foi en 1989. Nous l'avons vu, cette dernière ne saurait prétendre être une correcte présentation de la pensée qui s'était exprimée lors des deux derniers conciles. Aussi bien, réexaminer ce grand sujet devient-il désormais un devoir. Il n'est pas de meilleur moyen de le remplir qu'en tirant les leçons de l'extraordinaire séance de la Commission centrale du 9 novembre 1961.

Une première leçon pourrait être la suivante. Pour l'élaboration d'un document aussi important qu'une profession de foi, il y a nécessité morale — pour ne pas dire davantage — de procéder à une consultation telle qu'elle fournisse toutes les chances d'obtenir une connaissance adéquate de la pensée de l'ensemble de l'épiscopat. Sur ce point, l'expérience de ce qui s'est passé au concile est déterminante. On imagine quels auraient été la confusion, les frustrations et les malaises des évêques si on leur avait imposé, sans consultation, la Profession de foi dont le projet fut soumis à la Commission centrale et qui fut manifestement refusé par elle. Ces malaises auraient été durables. Ils n'auraient pas concerné que les évêques: un impact négatif aurait été ressenti dans toute l'Église et sans doute sur le dialogue œcuménique. À distance, on se dit qu'il est heureux que le projet qui avait été préparé sous la direction du Préfet du Saint-Office d'alors ait été à toutes fins utiles rejeté; mais on doit retenir aussi qu'il est heureux qu'en 1961 on ait jugé nécessaire de consulter la Commission centrale, qui pouvait donner une assez bonne idée de la pensée qui serait celle de l'épiscopat.

Il est étonnant et décevant que l'après-Concile n'ait pas retenu la leçon que nous signalons ici comme la première à retenir. C'est d'autant plus étonnant et décevant que le dernier concile avait mis en évidence la responsabilité collégiale de tous les évêques dans l'enseignement de l'Église. Certes, on peut toujours dire que la Congrégation pour la Doctrine de la foi a mis beaucoup de soins à la rédaction de la Profession de foi promulguée en 1989 et qu'elle a beaucoup consulté. En 1961, le Préfet du Saint-Office de l'époque et Président de la Commission doctrinale préparatoire du concile avait, lui aussi, le sentiment qu'on avait beaucoup consulté! On n'était pourtant pas parvenu à obtenir la vraie pensée de l'épiscopat. Quand on constate tout le malaise et toutes les objections qu'a suscités la Profession de foi de 1989, il n'est pas difficile de conclure qu'à la suite d'une consultation adéquate des évêques celle-ci n'aurait pas connu un sort différent de celui du projet de 1961.

Quand on relit les échanges de la Commission centrale du 9 novembre 1961, on peut tirer plusieurs enseignements concernant la nature d'une profession de foi, concernant ce qu'on peut inclure dans cette dernière et concernant ce qu'on doit prendre soin de n'y pas inclure. À la lumière des avatars post-conciliaires en ces matières, il est nécessaire de revenir sur tout cela.

Les interventions entendues à la Commission centrale permettent de bien établir ce que ne saurait être et ce que devrait être une profession de foi. Celle-ci ne saurait être un moyen pris par l'Église pour susciter l'acceptation du plus grand nombre de points de doctrine possible; elle ne saurait être le lieu où l'on provoque, suscite ou réclame l'assentiment à tout ce qu'enseigne le magistère; elle ne saurait être tout spécialement le lieu où l'on réclame l'assentiment à des enseignements non infaillibles et le moyen par lequel on tenterait d'empêcher tout dissentiment devant ces derniers.

Pour dire en positif ce que devrait être la profession de foi, on ne peut faire mieux que de donner la parole à Mgr Hurley, l'un des membres de la Commission centrale qui s'est le mieux exprimé sur le sujet[181]. Pour ce dernier, la profession de foi ne doit pas être tournée vers des erreurs à éviter. Parce que la foi catholique est l'acceptation joyeuse de la vérité révélée par Dieu, la profession de foi doit insister davantage sur les articles qui expriment la splendeur du don de la foi et qui sont source de joie chrétienne. C'est ce qu'on a fait aux temps apostoliques, comme le rappelle Mgr Hurley.

Quand on pense la profession de foi en ces termes, on est loin des rédactions qui ne suscitent que crispations, réserves, malaises de l'âme, cœur et esprit. On est loin du sentiment d'être violé dans les droits légitimes de son intelligence questionneuse ou de celui d'être embrigadé dans l'acceptation plus ou moins inconditionnelle d'enseignements qui ajoutent au fait de n'être pas essentiels à la foi celui d'être parfois fort discutables et souvent très discutés.

Mgr Hurley parle de l'*acceptation joyeuse de la vérité révélée par Dieu*. Ces mots sont importants, eux aussi. Ils invitent à retourner

181. AP II, I, p. 509s.

aux premiers mots du Credo lui-même, qui se lisent: *Je crois en Dieu* et non pas *Je crois en l'Église.* On insiste depuis les premiers siècles de l'Église sur cette précision très significative du vocabulaire. Toute formulation de la profession de foi doit la respecter et en respecter avec le plus grand soin les conséquences. La profession de foi chrétienne est une profession de foi en Dieu et en personne d'autre. On ne devrait jamais déroger à cette règle fondamentale. Celle-ci devrait régir la facture même de la rédaction et le choix de chacun des contenus.

Il y a peu d'opérations qui intéressent davantage la question de la liberté de la pensée dans la foi que l'élaboration du contenu du Credo. Non pas parce que le Credo devrait contenir tout ce qu'on peut dire au nom de la foi, mais parce qu'il ne doit rien contenir qui ne lui appartienne. La plus grande perversion du Credo proviendra toujours de l'intempérance qui inciterait à violer cette règle. C'est là la leçon essentielle de l'ensemble des interventions enregistrées lors des échanges de la Commission centrale du concile. Ces interventions veulent qu'on respecte la vraie nature de ce qu'est la Profession de foi, qu'on évite de multiplier les dogmes, qu'on n'aligne pas côte à côte les enseignements très solennels des grands conciles et les enseignements plus précaires, non encore admis par toute l'Église, qu'on trouve dans des documents plus provisoires, comme sont les encycliques. Il y a quelque chose de beau dans le courage, la clarté et l'insistance avec lesquels les Pères de la Commission centrale ont insisté sur ce dernier point. Ils veulent protéger la foi en veillant à ne pas l'encombrer indûment. Sans le dire, ils veulent purger l'Église de sa tendance maladive à dogmatiser dans chacun de ses enseignements. Ils veulent protéger la liberté du croyant, qu'il soit considéré comme enseignant ou comme enseigné. Ils veulent protéger l'avenir de la réflexion et les surprises qu'elle peut réserver. Ils veulent qu'on évite de violer le mystère des réalités divines. Ils veulent éviter d'enfermer la Parole de Dieu dans des interprétations ou des formules discutables. S'il y a eu, à l'occasion du dernier concile, un beau moment de modestie magistérielle, ce fut bien lors de la séance du 9 novembre 1961 de la Commission centrale du concile.

Soyons précis. Ce qu'on a demandé d'éviter avec soin, lors de cette séance, ce fut de rappeler à l'intérieur du Credo des points de doctrine variés, dont le caractère essentiel n'était pas le même, qui ne pouvaient jouir de la même certitude, qui ne pouvaient prétendre être accrédités au même degré par la communauté ecclésiale. Depuis Vatican I, on n'avait pas vu, dans ce qui avait émané du magistère, un si évident sursaut de saine modestie, un tel respect du mystère de ce qu'enseigne la foi, un tel respect de l'acte de foi et, finalement, un tel respect des croyants appelés à professer leur foi.

Le 9 novembre 1961 fut donc un grand moment. On peut dire que ce qui s'y est passé a été respecté par le concile, d'autant plus que ce dernier, qui n'a pas proclamé de nouveaux dogmes, n'a pas produit non plus de nouvelle Profession de foi. On ne peut malheureusement pas dire que ce grand moment fut respecté et qu'il l'est dans l'après-Concile, depuis l'adoption par la Congrégation pour la Doctrine de la foi de la Profession de foi de 1989.

Comment évaluer ce qui s'est produit dans cette dernière? Doit-on y voir l'intention de mettre sur le même pied toutes les catégories d'enseignement? Il est manifeste qu'on ne doit pas prêter à la Congrégation pour la Doctrine de la foi cette intention, puisque la Congrégation affirme, au contraire, qu'elle a voulu établir une gradation dans la sorte d'assentiment exigé pour ce à quoi réfère chacun des paragraphes ajoutés à la profession de foi de Nicée-Constantinople. Il faut voir plutôt dans ce qui s'est passé le résultat d'un choix rédactionnel malhabile et, disons-le, absolument malheureux, parce que précisément lui fait défaut cette clarté que les Pères de la Commission centrale estimaient essentielle.

Il y a dans cette rédaction de 1989 deux vices fondamentaux. Le premier correspond à ce contre quoi protestaient les Pères de la Commission centrale. Au nom de la clarté et de la nature même de la profession de foi, ils exigeaient qu'on n'inclue pas dans cette dernière le contenu des encycliques. Le paradoxe devant lequel nous sommes désormais placés, c'est que la formule de 1989 les inclut toutes! Bien sûr, elle le fait en distinguant les sortes ou les degrés d'adhésion qu'exigent les dogmes proprement dits les plus certifiés et les autres enseignements plus précaires. Mais on ne sortira jamais du fait que l'assentiment est demandé et exigé à l'intérieur d'une profession de foi, ce qui était précisément ce que voulaient éviter les Pères de la Commission centrale.

Plus profondément, le second vice fondamental de cette rédaction réside dans le fait qu'on inclut dans la Profession de foi des éléments tout à fait nouveaux, touchant l'ensemble de la vie intellectuelle dans l'Église, et fort discutables de surcroît: une utilisation, certainement non traditionnelle et étonnante — pour ne pas dire davantage — de l'idée d'*enseignements définitifs*; un élargissement de l'enseignement de Vatican I concernant l'extension du champ de l'infaillibilité; une description de l'accueil à faire à l'enseignement non infaillible de l'Église pleine d'obscurité et peu capable de bien faire comprendre la vraie pensée du dernier concile sur ce point. Pour cette dernière raison surtout, on doit dire que le malaise que suscite et continuera de susciter la rédaction de la Profession de foi de 1989 est beaucoup plus grand encore que celui que suscitait chez les Pères de la Commission centrale celle qui était déposée devant eux en novembre 1961.

L'accueil des enseignements non infaillibles

Sur la question de l'accueil à donner aux enseignements non infaillibles, l'étude que nous avons faite conduit à tirer des conclusions nombreuses.

La première est la suivante: il ne saurait être question d'insérer dans une profession de foi une définition de l'accueil à donner à ces sortes d'enseignements. Plusieurs raisons réclament cette réserve. On pourrait signaler, d'entrée de jeu, qu'une telle insertion est, par elle-même, de nature à obscurcir la différence entre les enseignements infaillibles et les autres. La raison de fond réside toutefois dans le fait qu'il faudrait disposer d'une formule courte, parfaitement satisfaisante, bénéficiant d'une acceptation évidente et incontestée de toute l'Église. Le lecteur qui nous a suivi jusqu'à présent n'a pas de difficulté à comprendre que nous ne pouvons disposer d'une telle formule, même si la pensée du dernier concile sur ce sujet important est accessible à ceux qui voudraient lire le n° 25 de *Lumen gentium* en le complétant par l'examen de ce qui s'est passé à la Commission centrale le 19 juin 1962, par l'étude de la genèse du texte approuvé par le concile, par un examen serré de la logique interne de ce texte, par l'apport des réponses de la Commission doctrinale. On peut le regretter, mais nous devons manifestement constater que l'Église ne dispose pas d'une telle formule brève, satisfaisante et claire par elle-même. Ajoutons que nous comprenons maintenant qu'il est inutile d'espérer qu'elle puisse jamais en avoir une, à cause de la nécessité, quand on aborde ce point, d'établir toutes sortes de nuances pour tenir compte d'une grande variété de cas ou de situations.

Pour toutes les raisons que nous avons exposées dans les chapitres précédents, il ne saurait être question non plus d'être satisfait des formules insérées dans la Profession de foi de 1989: elles n'ont ni la clarté souhaitable, ni la conformité nécessaire avec les enseignements de Vatican I et de Vatican II. Ces formules font donc partie de ces sortes de points de doctrine que les Pères de la Commission centrale du concile auraient certainement refusé de voir insérées dans une profession de foi. Peut-être est-ce là un jugement douloureux à entendre pour la Congrégation qui a préparé la Profession de foi de 1989, mais pourquoi celle-ci n'a-t-elle pas voulu profiter des enseignements que pouvait fournir la séance du 11 novembre 1961 de la Commission centrale? Pourquoi surtout n'a-t-elle pas songé à profiter d'une plus large consultation qui aurait certainement permis d'éviter les écueils que nous avons signalés? Heureusement, personne ne songerait à considérer la formule de la Profession de foi de 1989 comme un enseignement infaillible et définitif de l'Église! Il s'agit, à l'évidence, d'un enseignement réformable. Ajoutons qu'il doit être réformé. En tout cas, si l'on veut absolument inscrire dans la Profession de foi elle-même l'enseignement de l'Église sur l'accueil à donner aux enseignements non infaillibles, il est essentiel de consulter l'ensemble de l'épiscopat.

Un certain nombre de conclusions s'imposent concernant la pensée et l'enseignement du dernier concile sur l'accueil à donner aux enseignements non infaillibles. Comme nous l'avons rappelé le mot *obsequium* revient dans la Profession de foi et dans le nouveau Code de droit canonique. Depuis deux décennies, des énergies considérables ont été déployées autour du sens à donner à ce mot, dans lequel on semble parfois croire que la pensée du concile serait pour ainsi dire renfermée. Nous avons pu constater comment ce mot peut se prêter à toutes sortes de traductions lorsqu'il est isolé. Dire cela, ce n'est pas loin de dire qu'il n'est pas traduisible. En tout cas, si on peut affirmer qu'il n'est pas, de soi, capable d'exprimer un seul sens, on doit en conclure qu'il n'est pas capable de fournir, à lui seul, la pensée du dernier concile sur la question pour laquelle il est utilisé. À l'évidence, la pensée de Vatican II ne peut s'inscrire dans un seul mot, surtout si ce dernier manque complètement de limpidité. Les débats autour de ce mot et autour du sens qu'il pourrait avoir ici ou là dans les textes officiels de l'Église paraissent aujourd'hui assez abstrus et peu éclairants. S'il est un cas, dans la vie de l'Église, où il est important d'aller au delà d'un mot, c'est bien celui dont nous parlons ici.

Au terme de cette étude, quelle évaluation porter sur la pensée du concile concernant l'accueil à donner aux enseignements non infaillibles? Nous l'avons assez montré, la pensée du concile n'est ni obscure, ni inaccessible; elle est seulement incomplètement inscrite dans le texte même qui fut approuvé. Ce texte est trop bref pour un point de doctrine qui ne saurait être exprimé valablement sans un grand nombre de nuances. La pensée du concile n'a certes pas été délibérément cachée, bien au contraire, mais elle est trop enfermée dans des démarches conciliaires qui n'apparaissent pas à la simple lecture du texte et qui ne sont même pas accessibles au lecteur ordinaire. C'est notamment le cas pour l'omission délibérée de l'enseignement qu'on trouvait dans l'encyclique *Humani generis* et auquel nous avons si souvent référé. C'est le cas pour les importantes précisions émanant de la Commission doctrinale. Curieux malheur que celui d'une pensée claire mais qui reste cachée et qui demeure concrètement inaccessible à tous ceux qui se contentent du texte de la Constitution dogmatique qu'ils ont sous les yeux!

Que la pensée de Vatican II sur ce point soit claire, évidente même dans sa visée fondamentale, nous l'avons bien suffisamment montré. Et nous avons assez montré qu'elle va dans le sens d'une correction à apporter à la pensée qui s'exprimait dans l'encyclique *Humani generis*, qu'elle va dans le sens de l'ouverture. Il nous faut donc dire, du même coup, qu'elle ne va aucunement dans le sens des durcissements auxquels on a assisté au cours de la période post-conciliaire. Elle ne va certainement pas dans le sens de l'instauration d'une nouvelle classe d'enseignements, les enseignements qui seraient non infaillibles mais définitifs. L'enseignement du concile est donc bien meilleur que ce qu'on en a fait et que ce qu'on continue trop souvent d'en faire. N'hésitons pas à le dire: ce qu'on en fait est le contraire de ce qu'il fut.

À ce moment-ci du bilan que nous faisons et avant de proposer concrètement quelques suggestions pour mieux dire l'accueil à donner aux enseignements dans lesquels l'Église n'engage pas toute son autorité, il est bon d'identifier quelques dangers à éviter. Un premier danger est celui de se contenter d'une formule brève comportant trop de sous-entendus, comme on l'a vu au cours de l'après-Concile. Une telle formule ne peut conduire qu'à de profonds et regrettables malentendus. Il faut un peu d'espace pour parler correctement et avec une suffisante clarté de la liberté de la pensée dans la foi et dans l'Église, ou encore, car c'est la même chose, de l'accueil à donner à l'enseignement non infaillible que l'Église dispense. C'est d'ailleurs pourquoi, entre autres raisons, il paraît difficile sinon impossible d'aborder ce sujet dans une profession de foi ou même dans un article du Code de droit canonique. On ne peut certainement se contenter, comme on le fait dans la Profession de foi de 1989 et dans le nouveau Code de droit canonique, d'une formule qui affirmerait sèchement et comme s'il était absolu le devoir d'adhérer à ces enseignements. On ne peut accepter non plus une formule qui négligerait de signaler qu'on peut et doit tenir compte du degré d'engagement du magistère dans un enseignement donné.

Un autre danger concerne l'usage du mot «définitif». Sous peine d'entraîner, comme on l'a vu, les pires confusions, on devrait réserver ce mot pour désigner les enseignements dans lesquels l'infaillibilité de l'Église est engagée. Pour les cas où le Souverain Pontife, un concile ou même un synode voudraient terminer un débat sans engager l'infaillibilité de l'Église et de son magistère, on devrait plutôt employer la formule, plus circonspecte, qu'utilisait Pie XII dans l'encyclique *Humani generis.* Encore là, cependant, et pour que ne subsiste aucune confusion ou ambiguïté, on devrait la compléter avec l'ajout, si simple, que suggérait le cardinal Frings lors de la séance du 19 juin 1962 de la Commission centrale du concile Vatican II. Comme le souhaitait le Père Congar, il faut tout faire pour éviter de voiler la différence entre les enseignements engageant l'infaillibilité et les autres[182].

Bien sûr, on devrait éviter toutes les manières de dire qui pourraient donner l'impression que la répétition d'une même

182. Voir une note du père Congar dans l'ouvrage de Martine SEVEGRAND, *Les enfants du bon Dieu, les catholiques français et la procréation au XXe siècle,* Albin Michel, Paris, 1995. Cette note est reprise dans «La papauté en question», *L'actualité religieuse,* Hors série, n. 5, p. 63.

doctrine peut faire verser, à elle seule, un enseignement non infaillible dans la sphère des enseignements engageant l'infaillibilité de l'Église. Dans le même esprit, on ne devrait utiliser qu'avec toutes les nuances nécessaires les formules affirmant que le magistère parle «au nom du Christ» ou «au nom de Dieu», qu'il est assisté par l'Esprit, qu'il est doté du charisme de la vérité[183]. On ne peut évidemment utiliser de telles paroles pour réclamer à tout propos une adhésion inconditionnelle. Un grand devoir de réserve est exigé du magistère, aujourd'hui plus que jamais, s'il veut rester crédible et s'il ne veut pas engager l'Église, de manière irrémédiable, sur des pistes malheureuses, voire tout simplement erronées.

Pour sortir des graves malentendus qu'on a nourris dans l'après-Concile, il ne suffit pas de reconnaître qu'il faut corriger les formules qu'on a inscrites dans certains documents officiels de l'après-Concile, il faut encore proposer des suggestions qui permettront de formuler d'une façon plus satisfaisante la pensée de l'Église telle qu'elle s'est exprimée à Vatican II. Pour cela, les échanges de la Commission centrale lors des deux séances auxquelles nous avons maintes fois référé sont d'un grand secours. Ce que nous allons proposer maintenant s'en inspire de bout en bout.

Il est impossible d'aborder convenablement l'accueil à donner à l'enseignement non infaillible de l'Église sans distinguer ce qui doit être dit concernant l'accueil qu'on fait pour soi, pour sa vie, dans le secret de son intelligence et de son cœur et celui qu'on manifeste lors d'exposés publics, surtout lors d'enseignements transmis dans le cadre des institutions de l'Église ou encore dans les médias. Il est malheureux que cette importante distinction ne soit pas respectée, particulièrement dans les for-

---

183. Sur ce dernier point voir: Richard A. McCormick, «The Catholic Theologian and the Magisterium» dans *Défis présents et à venir de l'université catholique. Actes du colloque international du centenaire de l'Université Saint-Paul*, Ottawa, 1989, p. 246-250.

mules brèves — trop brèves — qui abordent notre question, comme celles qu'on trouve dans la Profession de foi et dans le Code de droit canonique.

Commençons par quelques suggestions concernant l'accueil que chacun des croyants doit faire pour lui-même. Après 30 ans, nous savons maintenant que la formulation qu'on trouve dans le n° 25 de *Lumen gentium* devrait être présentée de manière à éviter qu'on l'interprète comme exigeant une adhésion absolue, alors que telle n'était pas l'intention du concile. Pour cela on devrait faire connaître tous les éléments nécessaires pour bien comprendre le sens de cet important texte conciliaire. Cela n'est pas tellement difficile, à la condition qu'on ait la volonté d'être clair et explicite et qu'on n'ait pas le goût d'asservir les intelligences.

La première condition pour que soit respectée la «juste liberté» du croyant en ce qui regarde les enseignements non infaillibles du magistère, c'est qu'on soit très clair sur ce qui engage l'infaillibilité de l'Église et sur ce qui ne l'engage pas. C'est pourquoi il est tellement important que soient dissipées les équivoques et les ambiguïtés entretenues par la nouvelle Profession de foi sur ce point. Il faut évidemment savoir ce qui est enseigné en engageant l'infaillibilité et ce qui est enseigné en ne l'engageant pas. C'est là une simple question d'honnêteté intellectuelle. Il importe d'ailleurs de se souvenir que le degré d'autorité et d'obligation avec lequel un enseignement se présente fait partie intégrante de l'enseignement lui-même: impossible de séparer ces choses-là. Ce point est tout à fait essentiel et la crédibilité de l'Église exige ici la plus grande transparence. Ajoutons que ce premier assainissement est une condition préalable à tout le reste. Après tout, si l'on veut parler de l'accueil à faire à un enseignement non infaillible, il est d'abord absolument essentiel de savoir ce qui est tel et ce qui ne l'est pas. On peut d'ailleurs se dire que, fort heureusement, l'Église qui accepterait vraiment cette règle apprendrait du même coup à parler avec circonspection non seulement dans sa manière de traiter d'un sujet mais aussi dans sa manière de dire avec quelle autorité sa pensée est présentée aux fidèles. Jean XXIII ne voulait pas que le concile qu'il convoquait imposât des dogmes nouveaux à l'Église. Il répondait de cette manière, peut-être sans assez l'expliciter, à un assez évident signe des temps.

On ne parlerait pas avec clarté sur ce point si l'on laissait planer l'idée qu'il suffit qu'un enseignement soit donné par l'ensemble des évêques pendant une longue période de temps pour qu'il soit le fruit du «charisme de vérité indéfectible» dont Dieu a voulu doter son Église. À la suite du cardinal König, il faut dire qu'il doit s'agir d'un enseignement donné par un jugement définitif obligeant d'une manière absolue et d'un enseignement relatif à une doctrine révélée ou, à tout le moins, nécessairement reliée à une doctrine révélée[184]. Ces choses doivent d'ailleurs être lues avec, en tête, le canon 749 n. 3 du nouveau Code de droit canonique: «Aucune doctrine ne doit être considérée comme définie d'une façon infaillible, à moins que ce ne soit manifeste. (*Infaillibiliter definita nulla intelligitur doctrina nisi id manifeste constiterit.*) Il n'est pas inutile de préciser ici que, dans l'esprit du cardinal König, «définitif» signifiait évidemment «infaillible». Pour ce qui est de l'enseignement du Souverain Pontife s'exprimant seul, les normes fixées par Vatican I sont explicites: il doit s'agir d'un enseignement *ex cathedra* clairement et ouvertement donné comme tel.

Pour parler avec clarté sur l'attitude à prendre en face d'un enseignement non infaillible, il faut éviter que la formule utilisée puisse être lue ou interprétée comme exigeant *nécessairement* l'adhésion, alors que ce n'est justement pas visé. Comment faire pour éviter cette fausse interprétation, quels pièges éviter? C'est

184. Le cardinal König demandait qu'on dise: «Dieu a doté l'Église du charisme d'une vérité indéfectible, chaque fois que, par son magistère ordinaire ou extraordinaire et par un jugement définitif obligeant d'une manière absolue, elle impose aux fidèles une doctrine comme divinement révélée ou comme nécessairement liée à une doctrine révélée.»

là toute la question. Heureusement, il n'est pas tellement difficile d'y répondre. Il est bien certain que toute formulation qui ne parle que d'assentiment ne peut prétendre parler avec clarté. On parlerait encore moins avec clarté si l'on utilisait une formule qui ne parlerait que d'assentiment en joignant, en plus, comme on le fait dans le nouveau Code, une menace d'encourir une peine si l'on ne donne pas son assentiment.

Très concrètement, pour parler avec clarté, il faut que la demande d'assentiment soit qualifiée et laisse place à la possibilité et à la légitimité d'un dissentiment à certaines conditions ou dans certaines circonstances. Voilà la vraie manière de parler concernant les enseignements dont il est question ici. Tous les croyants ont droit à ce qu'on leur parle de cette manière. Le respect des degrés de certitude exige qu'on leur parle de cette manière. La prudence l'exige aussi, s'il est vrai que l'Église doit éventuellement pouvoir corriger l'un ou l'autre de ses enseignements sans complexe et sans créer de scandale chez les fidèles.

En s'inspirant de ce qu'exprimaient les évêques allemands en 1967, on pourrait rassembler un certain nombre d'éléments permettant de dire avec les nuances nécessaires l'attitude qui s'impose devant un enseignement non irréformable du magistère[185]. Cette attitude suppose qu'on reconnaisse d'emblée le rôle du magistère dans la vie de l'Église. Concrètement, cette attitude implique qu'un enseignement du magistère est reçu avec la confiance que l'Esprit a pu avoir quelque chose à faire dans l'élaboration de l'enseignement donné du fait que le magistère a pu être docile à son assistance. En disant les choses de cette manière, on voudra éviter une présentation naïve de l'aide de l'Esprit à son Église, comme serait celle qui verrait le pape et les évêques en communication directe avec Lui et sans interférence trop humaine aucune[186]. L'accueil à donner à ces ensei-

185. Cf. *DC* (1968) n. 1511, col. 321-324.

186. Voir Richard A. McCormick, «The Catholic Theologian and the Magisterium», dans *Défis présents et à venir...*, Ottawa, 1990, p. 246-250.

gnements non infaillibles suppose également qu'on entretient une saine méfiance envers son propre jugement, mais sans que cette méfiance tourne en mépris démissionnaire de soi-même et se solde par la perte de toute capacité de faire un examen critique. Cet accueil suppose que, bien loin de penser d'emblée que l'enseignement magistériel est erroné, insuffisant ou à réformer, on présume au contraire de sa vérité et même de son opportunité. Il suppose évidemment qu'avec discernement on tienne compte, comme y invite le texte du n° 25 de *Lumen gentium*, de la sorte de document où cet enseignement apparaît, du langage employé, des consultations dont il est le résultat, de la fréquence du rappel de cet enseignement. Il n'exclut pas le droit et même le devoir de tenir compte de la réformabilité d'un enseignement non irréformable. Mais il exige qu'on ne juge pouvoir s'écarter de cet enseignement que si l'on a des arguments soigneusement éprouvés, passés au crible d'une analyse serrée, d'une autocritique sévère ne négligeant d'ailleurs pas toute critique extérieure sérieuse.

Certes, on pourrait dire les choses autrement, mais voilà un peu les termes d'une dialectique dont chacun des éléments semble s'imposer. En tout cas, la question peut être posée: pourquoi le magistère de l'Église ne nous présente-t-il pas une pensée comportant des nuances de ce genre quand il nous décrit l'attitude que le croyant devrait prendre en son for intérieur et pour la conduite de sa vie personnelle en face des enseignements pour lesquels le magistère ne saurait engager l'infaillibilité de l'Église?

La cruciale question du dissentiment

L'accueil à donner dans le secret de son intelligence et de son cœur à l'enseignement magistériel non infaillible est une chose; l'accueil à manifester quand on s'exprime publiquement en est une autre. Avec le recul du temps, il faut certainement regretter que le concile Vatican II n'ait pas explicitement abordé ce point dans le n° 25 de *Lumen gentium* et qu'il se soit contenté de l'aborder, fort brièvement d'ailleurs, dans la réponse, non accessible au commun des lecteurs, que la Commission doctrinale du concile a donnée à quelques demandes d'amendements venant de Pères du concile[187]. On est aujourd'hui obligé de qualifier cette omission de malheureuse, à cause de l'importance qu'a prise, après le concile, la question de l'expression publique du dissentiment. Comme on l'a vu, contrairement au concile, l'Instruction sur la mission ecclésiale du théologien en traite assez longuement. On pourrait même dire que toute l'Instruction ne vise que ce point. Il est d'une importance cruciale, en effet.

Il faut reconnaître d'emblée que cette question est fort difficile. S'il est vrai que, par la volonté de Dieu lui-même, le magistère a la charge du dépôt de la foi, faut-il toujours se conformer en public à l'enseignement qu'il fournit, même lorsqu'il n'engage pas l'infaillibilité de l'Église, même sur les questions pour lesquelles il ne pourrait pas l'engager? Faut-il toujours se taire, même quand on estime avoir de justes raisons de ne pouvoir exprimer son assentiment sur une question qu'on est pourtant obligé de traiter? Faut-il se taire même quand on a précisément charge d'enseignement? Faudrait-il ne faire part de ses difficultés qu'aux responsables du magistère, comme le demande l'Instruction sur la vocation ecclésiale du théologien? On n'en finirait plus d'énumérer les questions qu'il est légitime de se poser autour du problème de l'expression publique du dissentiment. Des enjeux considérables y sont en cause, qui prennent tantôt la forme de droits touchant les personnes, tantôt celle de dangers affectant la nature de la foi, l'avenir de celle-ci et celui de l'Église. La vie des croyants et celle de l'Église sont tout entières concernées par le traitement qu'on donne à cette

187. Cf. *Modi a patribus Conciliaribus propositi a Commissione doctrinali examinati, III, Caput III: De Constitutione hierarchica Ecclesiæ et in specie de episcopatu,* Typis polyglottis vaticanis, 1964, p. 42, n. 159, 160, 161.

question. Nul besoin ici de vouloir être exhaustif; il suffit de dire crûment les choses essentielles.

Parle-t-on de droits, il faut penser à ceux des fidèles d'abord, puis à ceux des enseignants, qu'ils soient pasteurs, catéchètes, théologiens. Certes, les fidèles ont le droit de n'être pas inutilement troublés à tout propos par des pensées trop approximatives, insuffisamment mûries, insuffisamment vérifiées. Mais ils ont aussi le droit à être informés de la réflexion qui se fait dans l'Église, des légitimes questions qui se posent. Bref, ils ont droit, eux aussi, à la théologie, qui est inconcevable, comme l'a si abondamment montré Thomas d'Aquin, sans qu'on pose des questions et sans qu'on apporte des réponses auxquelles une adhésion n'est pas toujours requise. Ils ont droit d'accès aux questions qu'on se pose sur la doctrine de l'Église concernant la contraception et ils ont droit d'accès aux réponses qui existent sur cet important sujet. S'agit-il de ce que doit être, pour un milieu donné, la loi idéale concernant l'avortement, ils ont droit d'être informés de ce qui est affirmé par le magistère officiel de l'Église, mais ils ont le droit d'être informés aussi de ce qui se dit à partir d'autres provenances. Il n'est pas vrai qu'on puisse dire que, sur de semblables questions, ils n'ont droit que d'être informés de l'enseignement du magistère. Voilà pour les droits des fidèles en général.

Les droits des diverses catégories d'enseignants constituent également des enjeux considérables. Quand on s'inscrit à l'intérieur de la foi, ces droits rencontrent naturellement des limites, celles qu'impose la foi elle-même à laquelle on adhère, c'est-à-dire celles qu'impose la Parole de Dieu dans ses visées essentielles. Cependant, toute réflexion qui s'exerce à l'intérieur de la foi et à partir d'elle aborde d'une façon pour ainsi dire quasi quotidienne des questions que le magistère de l'Église ne tranche pas en engageant l'infaillibilité de cette dernière, sans parler de celles que l'Église ne saurait tout simplement pas trancher de cette manière. Pour toutes ces questions, ceux qui enseignent à l'intérieur de l'Église, et qu'on charge pour cela de réfléchir, ont le droit de n'être pas réduits à un statut de robot devant se contenter de rapporter mécaniquement une pensée, même faillible, élaborée par d'autres, ces derniers fussent-ils responsables de l'enseignement officiel de l'Église.

On fait bien de réfléchir sur les dangers que comporte une présentation mal formulée de l'accueil à donner aux enseignements non infaillibles du magistère, surtout si cette formulation tend à imposer ces enseignements plus ou moins de la même manière que les enseignements infaillibles et irréformables. C'est de cette manière seulement qu'on pourra peut-être réussir à comprendre qu'il est nécessaire de corriger les orientations prises dans l'après-Concile. Devant tous les enjeux que nous avons évoqués plus haut, qui douterait que la formulation de l'accueil à donner aux enseignements non infaillibles constitue une tâche de toute première importance? C'est la vie de la foi, celle des croyants, celle de l'Église qui sont engagées dans cette tâche délicate. Pour l'aborder correctement, il est d'abord nécessaire de nous attarder quelque peu à la fameuse question dite du «magistère parallèle».

Les mots «magistère parallèle» reviennent assez souvent dans les documents magistériels des dernières décennies. Ils sont toujours employés dans un sens péjoratif, pour signifier quelque chose de regrettable, voire d'intolérable. Ils insinuent l'idée qu'on assisterait à la violation ou à l'invasion d'un territoire réservé aux évêques et au Souverain Pontife. Une réflexion s'impose donc. Elle nous plonge dans le vif du sujet dont traite cette étude.

«Magistère parallèle!», dit-on ou écrit-on, avec un accent de réprobation. Bien sûr que l'enseignement des théologiens est un magistère parallèle, dans la mesure même où il existe. Il ne peut en être autrement. D'une part, parce qu'il n'est pas un enseignement officiel; d'autre part, parce qu'il est un enseignement, sous peine de n'être rien.

Certes, on pourrait théoriquement concevoir la théologie comme une activité souterraine, tout entière secrète, tout entière orientée au service d'un seul enseignement public qui serait l'enseignement officiel du pape et des évêques. À lire certains textes, on se demande parfois si ce n'est pas là la conception impliquée mais non avouée de certains documents officiels de l'Église. Les théologiens, pourrait-on y lire, auraient pour tâche d'expliquer et de défendre l'enseignement officiel. Quand ils éprouvent des difficultés particulièrement graves à lui donner leur assentiment, ils devraient se contenter de faire connaître par voix secrète les difficultés qu'ils éprouvent. C'est un peu ce qu'on peut lire, comme nous l'avons vu, dans l'Instruction sur la mission ecclésiale du théologien.

Cette conception soulève d'importantes difficultés qu'il est cependant nécessaire de bien formuler. On ne pourrait se contenter de dire, comme on serait spontanément enclin à le faire, qu'elle minimise la fonction critique de la théologie, sous prétexte qu'elle incite à accepter systématiquement même ce qui peut légitimement être soumis à la question. En effet, la conception qu'on retrouve dans l'Instruction reconnaît le droit et même le devoir d'exprimer au magistère les difficultés qu'on éprouve devant tel ou tel point de doctrine. Les difficultés que soulève cette conception sont d'une autre nature.

Ce qu'il faut dire, c'est que cette conception des choses rend impossibles les échanges et la circulation de la pensée critique dans l'Église, non seulement entre chercheurs, ce qui est déjà très grave, mais même auprès des autorités magistérielles. Cette conception rend la «communion de la réflexion» invivable, avec tout ce que cela peut entraîner de stagnation, de retards, de fausse et dangereuse unanimité, de manque de respect pour le droit de s'interroger et pour le droit de savoir ce que d'autres — les autres! — pensent dans la foi.

Au fond des choses, ce qui rend inacceptable cette conception, c'est qu'elle empêche systématiquement le fidèle d'accéder à la théologie véritable, c'est-à-dire celle qui comporte, de droit, une dimension critique et questionneuse. Cette conception suppose que la réflexion questionneuse n'est pas faite pour l'ensemble des croyants. Elle suppose qu'on doit la leur cacher et qu'elle doit être réservée aux théologiens eux-mêmes, œuvrant pour ainsi dire à huis-clos, et aux évêques, dans la mesure où, dans l'étrange système auquel on semble penser, ces derniers pourraient encore y avoir accès.

Plusieurs formes de mépris sont rassemblées dans cette manière de concevoir les choses. Mépris du croyant, qu'on semble considérer incapable de réagir sainement devant toute dualité d'enseignements. Mépris de l'intelligence croyante, qui ne saurait être informée sans danger des discussions qui habitent l'Église. Refus, par là, de la participation des croyants à l'élaboration de la pensée de l'Église. Soit dit en passant, il est impossible de ne pas voir dans les craintes qui s'expriment de nos jours autour du thème des «magistères parallèles» un retour insidieux à la pensée qu'exprimait Pie X au début du siècle, dans l'encyclique *Vehementer Nos*: «Dans le corps pastoral seul, résident le droit et l'autorité nécessaires pour promouvoir et diriger tous les membres vers la fin de la société. Quant à la multitude, elle n'a d'autre droit que de se laisser conduire et, troupeau docile, de suivre ses pasteurs[188].» Plus fondamentalement encore, ce qui se passerait par l'acceptation de cette conception des choses, ce serait la réduction de la foi à une acceptation aveugle de tout ce qui émane du magistère. Qu'on n'aille pas penser que le débat autour du «magistère parallèle» n'intéresse que les théologiens! Il n'est pas de débat qui concerne davantage toute l'Église et la nature même de la foi accueillie dans l'Église.

On peut donc conclure qu'il faut soumettre à la question la notion d'un «magistère parallèle» des théologiens qui serait illégitime du seul fait qu'il existerait. D'ailleurs, affirmer que tout enseignement parallèle serait illégitime n'est rien d'autre que d'affirmer l'illégitimité de tout dissentiment public. Toute expression publique d'un dissentiment est-elle illégitime? Telle est

188. *Actes de Pie X,* t. II, Paris, Bayard, p. 135.

la question qui se cache derrière la réprobation de ce qu'on appelle le «magistère parallèle».

Nous ne voudrons pas caricaturer. Quand on s'en prend à ceux qui, par l'expression publique de leur dissentiment, établiraient d'une façon inacceptable un magistère parallèle, on ne veut sans doute pas nier le droit d'exprimer un dissentiment en regard de tout enseignement magistériel, du passé ou du présent. On est certainement plus large et conciliant pour un enseignement du passé. Par exemple, on n'oserait pas contester le droit du théologien ou de quiconque à trouver tout à fait inappropriées, erronées, méprisantes au point de surprendre, les paroles citées plus haut et qu'écrivait Pie X, au début du siècle, dans rien moins qu'une encyclique. Mais cette attitude heureusement plus large et conciliante en regard d'enseignements passés d'un Souverain Pontife invite à réfléchir sur la question que posait Karl Rahner: combien de temps faut-il attendre pour qu'un enseignement non infaillible d'un pape encore vivant puisse être critiqué? Pertinente et intéressante question, à laquelle Rahner répondait avec finesse que la période du «*silentium obsequiosum*» ne devrait pas durer trop longtemps[189].

Il est juste qu'on soit plus sévère quand il s'agit d'un enseignement récent, surtout d'un enseignement auquel le Souverain Pontife accorde une particulière importance. Un cas maintenant classique peut illustrer ce point, celui de l'enseignement de l'encyclique *Humanæ vitæ*, auquel déjà Paul VI accordait de l'importance et auquel Jean-Paul II accorde beaucoup plus d'importance encore. C'est devant un cas comme celui-là qu'on parlera volontiers d'un magistère parallèle quand des personnes, même reconnues comme compétentes, en viennent à proposer en public, dans leur propre enseignement oral ou écrit, une posi-

189. Cf. «Theology and Magisterium: Self Appraisals», dans *Readings in Moral Theology, n. 6: Dissent in the Church*, p. 35. Ce texte plein d'une douce ironie pose de judicieuses questions aussi bien au magistère qu'aux théologiens, questions qui portent le plus souvent en elles-mêmes leur réponse.

tion contraire à la pensée exprimée par les Souverains Pontifes. Dans un cas comme celui-là, deux enseignements semblent rivaliser pour obtenir, si l'on peut dire, l'adhésion des gens. Il y aurait ici, manifestement, «magistères parallèles».

Est-ce bien vrai? Cette dernière formule est-elle juste? Exprime-t-elle bien ce qui se passe quand un théologien exprime un dissentiment? Celui-ci ne remplit-il pas plutôt sa charge ou sa mission intellectuelle? Son rôle est d'évaluer, de se demander si tous les aspects de la question ont été correctement pris en compte, de s'interroger sur la justesse des formules employées, sur la qualité de la réponse, évaluée en regard des requêtes souvent complexes du présent. Tout cela n'est-il pas légitime? Le magistère peut-il prétendre voir toujours tout, voir toujours juste, et toujours bien dire ce qu'il voit? D'un autre côté, est-ce une bonne conception de la communion que celle qui tendrait à réduire tous les membres du peuple chrétien à une immense congrégation de béni-oui-oui?

Peut-être sommes-nous en mesure de conclure ce petit excursus sur la notion de «magistère parallèle». Brandie, cette notion n'est pas intéressante. Elle exprime mal ce qu'on pourrait et devrait dire. Elle est trop péremptoire. Évoquée dans l'absolu, ce qu'elle est le plus souvent et par sa nature même, elle est inaccceptable. Elle donne trop à penser qu'on veut dire: personne d'autre que nous, dans l'Église, ne doit parler.

Revenons plutôt à la question qui est au cœur de notre réflexion: comment parler du dissentiment public de manière à respecter le rôle propre du magistère dans l'Église, celui des théologiens et autres chercheurs, la nature de la foi comme activité de l'esprit, les droits des croyants?

Une première règle s'impose: il faut éviter toute formule qui semblerait une *exclusion absolue* de toute expression publique de dissentiment. Pour cette raison et sans considérer qu'ils soient les derniers mots sur la question, on peut considérer comme exemplaire la voie prise par les évêques américains dans leur Lettre pastorale de 1968 sur la famille aujourd'hui. On se souvient que ces derniers reconnaissaient la légitimité du dissentiment, même public, pourvu que certaines conditions soient respectées. Les raisons qui sous-tendent cette règle ont déjà été exposées. L'exclusion systématique et absolue de tout dissentiment rendrait impossible le progrès de la recherche et de la pensée dans l'Église; elle irait à l'encontre du droit des croyants à s'interroger sur les questions qui intéressent leur foi et à profiter des réflexions de leurs frères et de leurs sœurs dans la foi; elle constituerait une violation de la dignité de l'intelligence et une corruption de la vraie nature de la foi qui n'est pas une soumission absolue et aveugle à tout ce qui pourrait émaner du magistère; elle comporterait de terribles dangers pour l'Église. Cette première règle est la plus fondamentale. Elle commande tout le reste. Elle met en question une certaine manière de parler et de légiférer qui domine malheureusement trop le langage magistériel post-conciliaire. Elle invite à comprendre qu'il n'est pas possible de ramasser la question de la légitimité du dissentiment dans une seule phrase brève, surtout si elle donne l'apparence d'exclure tout dissentiment d'une manière absolue.

Ce que nous venons de dire ne suffit pas. Il faut aller plus loin et affirmer résolument une seconde règle. Elle pourrait s'exprimer ainsi: il faut privilégier la liberté et il faut que cela paraisse. Inutile de dire que, dans les documents magistériels post-conciliaires émanant de Rome, on ne la privilégie pas et que si on veut la privilégier, cela ne paraît guère. C'est une grave lacune. Elle est un relent de la pensée et des attitudes préconciliaires dont le concile, comme nous pensons l'avoir montré, a voulu sortir.

Privilégier la liberté, cela suppose qu'on ne craint pas les débats. Pourquoi craint-on tant ceux-ci dans l'Église? Il faut se le demander. Par manque de foi, dirons-nous d'abord. Par manque de foi en la Parole de Dieu et par manque de foi en sa capacité de survivre aux débats qui auraient lieu autour d'elle. Hommes de peu de foi, vous qui craignez que des débats, des discussions, des interrogations soient soulevés autour de ce en quoi vous croyez! On craint encore les débats, parce qu'on n'est pas assez conscient de l'extrême fragilité du savoir humain dès lors qu'il aborde les grands mystères, ceux qui relèvent des réalités divines et du destin dernier de l'homme. Est-ce impertinent de dire qu'on craint les débats par manque de modestie?

Mais comment parler de la légitimité du dissentiment dans certaines circonstances? Pour dire les choses autrement: comment identifier les dissentiments qui seraient illégitimes? Ces questions doivent être abordées avec franchise. Des réponses sont possibles.

Dans le deuxième chapitre de la première partie de cet ouvrage, nous avons rencontré la proposition extrêmement judicieuse du cardinal Frings. Cette proposition avait le mérite d'être d'une brièveté exemplaire. Elle demandait qu'on adhère à l'enseignement magistériel non infaillible «*à moins qu'on ait des raisons graves de ne pas le faire*». Admirable proposition! En un mot, pour ainsi dire, elle rappelle que même l'enseignement magistériel qui n'engage pas l'infaillibilité doit être pris au sérieux. Sans le dire, il est vrai, elle suppose qu'on présume de la vérité de ce qui est enseigné en provenance de cette source, même quand celle-ci n'enseigne pas d'une manière définitive, ce dernier mot signifiant évidemment «d'une manière qui engage l'infaillibilité de l'Église». Ce n'est donc qu'avec des raisons graves qu'on peut ne pas accepter pour soi ces sortes d'enseignement et, plus particulièrement encore, qu'on peut exprimer en public son dissentiment à leur sujet.

Évidemment, cette proposition doit être bien comprise. Elle établit le principe de la gradation. Disons plutôt qu'elle invite à le respecter. Cette gradation doit rejoindre le principe lui-même et s'y agglutiner. On peut avoir des raisons graves, assez graves, et peut-être parfois très graves, d'exprimer un dissentiment devant un enseignement non infaillible. Ces raisons peuvent être telles qu'elles imposent même un devoir de parler ou d'écrire, fût-ce avec ténacité. On oublie trop que l'expression publique d'un dissentiment peut être parfois rien de moins qu'un grave devoir.

Aussitôt que ces réflexions prennent place dans l'esprit, on se rend compte de l'extrême difficulté qu'il y aurait à formuler ces choses dans un article du Code de droit canonique qui soit administrable, qui respecte la complexité des cas et la variété des situations qui peuvent survenir. C'est pourquoi on devrait se demander si un tel article est possible, s'il est nécessaire et s'il est la meilleure manière d'aborder notre question pour règler la vie de l'Église. On peut certainement soutenir qu'un tel article n'est pas possible et qu'il n'est pas nécessaire. Après tout, il n'est pas nécessaire que toutes les situations qui peuvent survenir dans la vie de la foi et dans celle de l'Église fassent l'objet d'un article du Code! On a maintes fois souligné la «juridicisation» excessive de la vie de l'Église. Nous en avons ici un bel exemple.

Renoncer à établir des canons ne signifie pas qu'on ne peut ou ne doit rien dire. Nous venons d'évoquer l'intérêt qu'il y aurait à reprendre dans un document officiel de l'Église la formule limpide et ouverte du cardinal Frings. Rien n'empêche d'expliciter le sens de cette formule en évoquant la nécessité de la prudence et du sens des responsabilités, surtout quand on s'exprime dans des médias qui rejoignent le grand public. Celui-ci, on le sait, ne peut pas toujours être assez informé pour bien évaluer le sens de certaines positions dont trop d'aspects lui échappent. Personne ne pourrait s'objecter à de tels rappels. Ils seraient opportuns. Ils ne signifieraient pas rien. Mais ils ne signifieraient pas non plus, nous ne l'oublions pas, qu'on reviendrait par là à l'affirmation de l'illégitimité absolue, en toutes circonstances, de l'expression d'un dissentiment, même devant «le grand public». Voilà pour ce qui est du devoir de prudence et du sens de leur responsabilité qui s'imposent à ceux qui s'apprêtent à exprimer un dissentiment.

La prudence et le sens des responsabilités comportent quelques devoirs concrets pour le magistère également. Ceux que nous avons signalés le concernent. Le magistère ne devrait donc pas se contenter d'affirmer en termes évasifs et peu significatifs la «juste liberté de recherche» des théologiens et sans doute aussi des autres. Est-ce trop demander qu'il ne craigne pas d'affirmer le droit d'accès des fidèles à la réflexion théologique et aux débats qu'elle comporte et suscite? Ou, du moins, est-ce trop demander qu'il ne s'exprime pas comme si ce droit n'existait pas?

Postface

L'étude que nous avons faite pourrait paraître froide et trop détachée des sentiments qu'éprouvent de nombreux croyants devant tout ce que nous avons constaté. Peut-être est-elle trop froide, en effet. Aussi est-il opportun de situer dans un cadre de réflexion plus large tous ces textes, ces débats, ces avatars déconcertants. Diverses attitudes sont possibles devant les difficultés actuelles de la liberté dans la foi et dans l'Église. On les rencontre.

On peut être scandalisé, ou même découragé. Les raisons pour cela ne manquent pas. Il y a quelque chose de déroutant à assister, impuissant, au spectacle de sa propre Église faisant un pas en avant à l'occasion d'un grand concile, puis deux pas en arrière, si peu après. On se dit: aux imperfections et aux compromis du dernier concile, faut-il encore ajouter les oublis de ce qu'il a fait de mieux, de plus opportun, de plus accordé aux temps où nous entrons, voire de plus essentiel? On peut se laisser aller à ces pensées noires, bien sûr. Est-ce sagesse?

Celui qui prend la plume connaît bien tout ce que l'usage des mots peut comporter de périlleux. Sa pensée peut trahir les mots; ceux-ci peuvent trahir sa pensée. Ils peuvent dire trop, ou pas assez. Bien plus, par ignorance, par inattention ou par préjugé, le lecteur peut mal comprendre la pensée que l'écrivain avait pourtant soigneusement formulée. Puisqu'il approuve et promulgue des documents, un concile peut être victime des mots qu'il a employés, de ceux qu'il a trop négligé d'expliciter; il peut être trahi par des lecteurs trop pressés ou trop anxieux de lui attribuer leurs propres vues. Il n'y a pas d'infaillibilité qui tienne quand il s'agit des mots qu'un concile utilise. Quoi qu'on fasse, si infaillibilité il y a, elle appartiendra au sens visé et non aux misérables mots eux-mêmes. Il n'y aura surtout pas d'infaillibilité chez ceux qui les interprètent. Ces mots sont issus du flux de l'histoire; ils sont emportés par lui. Pourquoi voudrait-on que toutes les pensées d'un concile soient parfaitement formulées et pourquoi voudrait-on qu'elles soient toutes parfaitement comprises et fidèlement assumées?

L'impuissance des mots pour bien dire la liberté est particulièrement notoire. Dans la Cité, aucune loi n'est parfaitement satisfaisante dès lors qu'est impliqué ce petit mot précieux. C'est particulièrement vrai quand on prétend ramasser dans des formules brèves toute la sagesse de l'expérience des choses humaines. Les fameuses chartes des droits, dont on s'enorgueillit tant mais dont on désespère si souvent, sont là pour nous renseigner sur ces limites. Pourquoi voudrait-on que les lois ou les documents de l'Église qui traitent des rapports entre la foi et la liberté de la pensée parviennent à cette perfection inaccessible qu'on ne saurait rencontrer nulle part?

Faut-il quitter l'Église ou même simplement se permettre de la mépriser parce qu'elle a de la misère à bien dire et à bien vivre cette liberté, sans doute la plus importante, mais aussi la plus difficile à formuler et à respecter? Des erreurs ont infesté l'histoire de l'Église et d'autres ternissent encore ses enseignements. En cette fin de XXe siècle, qui pourrait trouver raisonnable de s'en étonner? On ne peut demander à l'Église de posséder «toute la vérité et rien que la vérité»; il suffit de pouvoir la remercier d'avoir soigneusement conservé quelques irremplaçables parcelles des «Paroles de la vie éternelle». Si l'Église a un petit quelque chose de précieux à dire sur Dieu et sur l'homme, n'est-ce pas déjà assez pour ceux qui ont le bonheur de l'accueillir? Un adage recommande de ne pas jeter l'enfant avec l'eau du bain. L'image est grossière; elle n'en est pas moins à retenir pour ceux qui sont déçus devant l'impuissance de l'Église à mieux parler de la liberté et à mieux la respecter.

Une autre attitude est possible en face des difficultés qu'on éprouve dans l'Église à bien dire et à bien vivre la liberté de la pensée dans la foi. On peut décider d'espérer et de lutter. Ces deux mots ne sont pas dissociables. On n'a pas le droit d'espérer si on ne lutte pas; on n'a pas le courage de lutter si on n'espère pas.

Il faut du courage pour espérer, car on espère toujours «malgré tout». D'ailleurs, l'espérance est le contraire de la démission. Espérer suppose et réclame certes de la patience, mais ce n'est pas attendre. Ce n'est pas non plus rêver, même s'il faut rêver pour espérer. Futilité que d'escompter l'arrivée du meilleur régime de liberté dans la meilleure des Églises, elle-même partie du meilleur des mondes! Il n'y a d'espérance véritable que raisonnable et mesurée. Il n'y a d'espérance que dans la frustration.

Il faut donc aussi lutter. En l'occurence, cela signifie chercher, débattre, critiquer, réfuter, risquer ses pensées, accepter de recommencer. Il faudra toujours tout cela pour que soit moins mal déterminée, puis mieux respectée, la juste liberté de la pensée dans la foi et dans l'Église. Il faudra toujours tout cela, parce que la tentation du caporalisme intellectuel sera toujours là. Malgré son immense respect pour l'Évangile et pour l'Église, Simone Weil était rebutée par la tendance catholique à multiplier les dogmes et les condamnations. «En fait il y a depuis le début, ou presque, un malaise de l'intelligence dans le christianisme», écrivait-elle. Ce malaise n'est peut-être que l'inéluctable condition des relations qui unissent foi, intelligence et Église. S'il en est ainsi et si la liberté de la pensée est essentielle à la noblesse de la foi, il n'est qu'une solution, celle qui consiste à lutter et à recommencer sans cesse à critiquer tout ce qui mérite de l'être.

Tôt après Vatican II, Hans Küng publiait *Infaillible? Une interpellation.* Même si on ne peut oublier que le titre de cet ouvrage comportait un point d'interrogation, force est de constater qu'il inaugurait un processus de mise en question de la doctrine de l'infaillibilité de l'Église. L'histoire plus récente du langage infaillibiliste fournit de précieuses munitions à un mouvement qui prend de l'ampleur. Celui-ci déborde largement le monde clos des théologiens, puisque les statistiques montrent qu'un nombre incroyablement élevé de catholiques ont du mal à accepter cette doctrine. Karl Rahner faisait remarquer que la doctrine de l'infaillibilité est «une proposition qui a et qui va encore avoir une histoire». Peut-être n'a-t-on jamais été placé autant qu'aujourd'hui devant le besoin de contribuer à cette histoire. Mais que faire?

Peut-être n'est-il pas nécessaire de remuer ciel et terre. Peut-être qu'il ne s'impose pas qu'on remette en question ce qui était visé à Vatican I dans la Constitution *Pastor æternus.* De respecter la lettre et l'esprit de cette constitution en tenant compte des besoins de notre temps serait déjà beaucoup; nous sommes loin d'en être là. Peut-être aura-t-on fait l'essentiel si l'on parvenait à convenir que le mot «infaillible» est de ces termes qui servent mal, dans l'Église d'aujourd'hui, la pensée qu'on a voulu exprimer. Ce mot est «exorbitant»: il inscrit une pensée subtile dans un cadre où elle se perd et se transforme grossièrement. Voilà par-dessus tout ce qu'il importe de dire de lui. Il affirme plus que ce qu'on a effectivement voulu dire dans le concile même qui lui a accordé une si grande place. Déjà Mgr Gasser, pressentant en quelque sorte l'histoire qui allait venir, mettait les évêques de Vatican I en garde contre certains usages abusifs de ce mot. Après plus de cent ans d'expérience, on peut maintenant le constater: les règles qu'il proposait ne sont pas suivies; leur connaissance est d'ailleurs inaccessible au commun des mortels. Ce mot voile le fait que des erreurs se sont glissées dans l'histoire de l'Église; il empêche de considérer tranquillement qu'il s'en glisse encore; il détourne de les avouer et de les corriger. Il est l'objet d'une incompréhension quasi universelle. Il fait sourire tous ceux qui ont quelque conscience des difficultés de la vie de l'intelligence, dans la foi comme hors d'elle. Non seulement le monde catholique mais le monde chrétien en général s'en porterait beaucoup mieux si l'on décidait d'exprimer sans lui ce qu'on a l'intention de dire.

LISTE DES SIGLES ET ABRÉVIATIONS

AA — *Acta et documenta concilio œcumenico Vaticano II apparando, series I (antepræparatoria),* vol. I-IV, Typis polyglottis vaticanis 1960-1961.

AP — *Acta et documenta concilio œcumenico Vaticano II apparando, series II (præparatoria),* vol. II: *Acta pontificiæ commissionis centralis præparatoriæ concilii œcumenici Vaticani II, p. I (sessio I-II), p. II (sessio III-IV), p. III (sessio V-VI), p. IV (sessio VII),* Typis polyglottis vaticanis 1965-1968; vol. III: *Acta commissionum et secretariatuum præparatoriorum concilii Vaticani II, p. I-II,* Typis polyglottis vaticanis 1969.

AAS — *Acta Apostolicæ Sedis.*

AS — *Acta synodalia Sacrosancti Concilii Œcumenici Vaticani II.*

DC — *La Documentation catholique.*

CO — *Les conciles œcuméniques,* texte original établi par G. Alberigo, J.A. Dossetti, P.-P. Joannou, C. Leonardi et P. Prodi avec la collaboration de H. Jedin; édition française sous la direction de A. Duval, B. Lauret, H. Legrand, J. Moingt et B. Sesboüé, Cerf, Paris, 1994, tome II.

Index

Table